Medo

— fronteira entre o sobreviver e o viver —

0204

Conselho Editorial
André Luís Callegari
Carlos Alberto Alvaro de Oliveira
Carlos Alberto Molinaro
Daniel Francisco Mitidiero
Darci Guimarães Ribeiro
Draiton Gonzaga de Souza
Elaine Harzheim Macedo
Eugênio Facchini Neto
Giovani Agostini Saavedra
Ingo Wolfgang Sarlet
Jose Luis Bolzan de Morais
José Maria Rosa Tesheiner
Leandro Paulsen
Lenio Luiz Streck
Paulo Antônio Caliendo Velloso da Silveira

S192m Sampaio, Ítalo Abrantes.
    Medo: fronteira entre o sobreviver e o viver (neurofi-
siologia, comportamento e aspectos psicojurídicos / Ítalo
Abrantes Sampaio. – 4. ed. rev. e atual. – Porto Alegre:
Livraria do Advogado Editora, 2013.
    141 p.; 21 cm. – (Coleção Direito e Psicologia)
    Inclui bibliografia, glossário e anexos.
    ISBN 978-85-7348-858-6

    1. Medo. 2. Emoções. 3. Neurofisiologia. 4. Comporta-
mento humano. I. Título. II. Série.

CDU 159.942
CDD 152.46

Índice para catálogo sistemático:
1. Psicologia das emoções   159.942

(Bibliotecária responsável: Sabrina Leal Araujo – CRB 10/1507)

COLEÇÃO DIREITO E PSICOLOGIA

Italo Abrantes Sampaio

Medo
— fronteira entre o sobreviver e o viver —
(neurofisiologia, comportamento e aspectos psicojurídicos)

4ª EDIÇÃO
revista e atualizada

livraria
DO ADVOGADO
editora

Porto Alegre, 2013

© Italo Abrantes Sampaio, 2013

Capa, projeto gráfico e diagramação
Livraria do Advogado Editora

Revisão
Rosane Marques Borba

Todo o dinheiro auferido com a venda deste livro que couber ao autor
será doado integralmente para a Instituição Cavalo Amigo – Equoterapia
Estrada Juca Batista - 4931, Belém Novo – dentro da
Sociedade Hípica Porto Alegrense – Porto Alegre/RS
Fone: (51)3343-4793 ou 9113-8111 – contato@cavaloamigo.com.br

Direitos desta edição reservados por
Livraria do Advogado Editora Ltda.
Rua Riachuelo, 1300
90010-273 Porto Alegre RS
Fone/fax: 0800-51-7522
editora@livrariadoadvogado.com.br
www.doadvogado.com.br

Impresso no Brasil / Printed in Brazil

A todos!

Este livro é dedicado a todos que sobrevivem. Em especial a você, que, a despeito de todos os seus medos, decidiu hoje, mais uma vez, quando ainda na cama, abrir os olhos e dar existência ao mundo ao seu redor, e assim renascer, e assim viver.

Agradecimento

À profa. Aline Grisa, elevado espírito altruístico, por sua relevante contribuição textual e pelos desenhos que retratam os medos que habitam o estado mental-emocional das crianças.

À Fernanda Molinari.
Palavras são apenas borrões de expressões de sentimentos, que tão somente tangenciam a emoção da minha gratidão à você. Contudo, ainda assim as oferto, ou melhor, tento, por haver sido privilegiado em sentir o calor da inquietude da sua alma na busca permanente de transcender-se, inclusive as fronteiras entre o sobreviver e o viver, cujo efeito manteve acesa a chama, sua e minha, de ir sempre além do além, pelos critérios da ciência, e não menos pelos do amor, ao encontro do coração do homem, caminho pelo qual acreditamos num mundo mais digno, mais justo.

Depoimentos

"Medo? Todo mundo tem! Trata-se de algo de que ninguém gosta de falar, até porque ninguém gosta de sentir medo. É algo paralisante e que todos evitam. Talvez isso seja o mais instigante desta publicação: Italo Abrantes Sampaio conseguiu superar os seus medos e ultrapassar a fronteira entre o sobreviver e o viver. Escreve de uma forma tão leve e sensível que é quase um andar de mãos dadas. E não há maneira melhor de superar os medos do que visualizar suas muitas trajetórias sendo conduzido por alguém que fala com o coração e com afeto. É esse o sentimento que sobra depois de saborear-se esta preciosa obra."

(**Maria Berenice Dias** – Desembargadora do Estado do Rio Grande do Sul. Mestre em Processo Civil pela PUCRS. Vice-presidente nacional do Instituto Brasileiro de Direito de Família (IBDFAM), do qual é uma das fundadoras. Indicada ao Prêmio Nobel da Paz 2005 pelo Projeto Mil Mulheres)

"Sim, eu tenho medo. Medo de escrever sobre um livro tão sério. Medo de perder os meus amores, de morrer e deixar coisas inacabadas. Tenho todos os medos que a maioria das pessoas tem, sem ser imobilizada por eles. Importantíssima a leitura da obra de Italo Abrantes Sampaio, com reflexões que nos ajudam a conviver com uma violenta realidade, permeada de ansiedades e inquietações. Leia sem medo."

(**Tânia Carvalho** – Jornalista, apresentadora de rádio e TV)

"Mistura homogênea de reflexões metafísicas, filosóficas, biológicas, antropológicas e psicológicas, com o olhar científico, sem desqualificar o que é empírico e intuitivo, em que a emoção medo é discutida na perspectiva de sua complexidade e integrada ao que lhe é complementar: coragem. O tempero especial é a alma do autor, que se apresenta mais à vontade a cada ideia e convida quem o lê a se encontrar com sua própria alma para, pleno de si, questionar e atualizar conceitos dentro de uma ética de bem viver."

(**Fernanda Seelig** – Médica psiquiatra)

"O livro do professor Italo Abrantes é muito interessante e inovador, começando pela capa. Ele faz com que o leitor olhe para dentro de si, numa fascinante viagem de descobertas e autodescobertas. Ele nos convida a uma reflexão conduzindo-nos ao universo mais íntimo do nosso ser numa espetacular viagem aos mistérios ocultos da natureza humana. Uma leitura instigante que aborda a neurofisiologia e o comportamento humano numa relação com seus medos.

A leitura nos leva a questionamentos profundos, e é quase impossível escapar da pergunta: por que temos medo de ser felizes? Sem dúvida, foi um dos melhores livros que li neste ano. Ele marca pela sua capacidade de nos fazer pensar, meditar e querer mudar.

Obrigada ao professor que tem a mania de sempre ensinar, mesmo quando o objetivo não é esse."

(Gilvânia Banker – Jornalista)

"Trata-se de um pequeno grande livro, que, tendo a coragem de falar sobre o medo e seus fantasmas de forma científica, permite compreender a condição humana e suas vicissitudes na trajetória da escravidão à liberdade, da cegueira à sabedoria.

Deveria ser leitura obrigatória tanto para estudantes quanto para profissionais de todas as áreas, uma vez que todos nós precisamos atribuir um sentido aos medos que em nós andam em busca de significação."

(Jorge Trindade – Doutor em Psicologia e mestre em Desenvolvimento
Comunitário. Procurador de Justiça inativo. Advogado e psicólogo. Professor
fundador da Escola Superior do Ministério Público. Professor titular da ULBRA)

"O medo é uma emoção diretamente ligada à sobrevivência e responsável pela continuidade da nossa e de tantas outras espécies. Isso significa dizer que nossos ancestrais, assim como nós, tinham medo. Aqueles que porventura não o tinham o leão comeu, e não tiveram a chance de passar seus preciosos genes adiante.

Acredito que o autor conseguiu descrever esse tema de uma forma agradável e simples, tornando a leitura de fácil compreensão e divertida. Espero que apreciem a leitura e não tenham medo de aprender".

(Wilson Vieira Melo – Doutor em Psicologia pela UFRGS/University of
Virginia, EUA, e mestre em Psicologia Clínica pela PUCRS. Coordenador técnico
da WP – Centro de Psicoterapia Cognitivo-Comportamental. Professor das
Faculdades Integradas de Taquara)

"O livro fez eu me dar conta de que o sentimento do medo afeta mais áreas da vida do que eu imaginava, além de me fazer perceber como é interessante o mecanismo mental pelo qual se passa. Sua leitura ajuda a entender o medo, e assim se torna mais fácil tentar administrá-lo. Agora quero que seja lido por minhas filhas. Acho que vai ser bom para elas. Além de me fazer conhecer uma grande pessoa, que hoje é amigo querido, o livro me ensinou e vai fazer diferença na superação dos meus medos. Vou me esforçar! Obrigada de coração, Italo!"

(**Gisele Mariano da Rocha Dornelles** – Contadora e técnica do Tribunal Regional do Trabalho da 4ª Região – Porto Alegre)

"O professor Italo teve a ousadia acadêmica de abordar um assunto de interesse científico historicamente inquestionável: o medo. Isso já justificaria a leitura deste livro. Mas, além disso, seu principal mérito foi tratar desse tema integrando a neurofisiologia e o comportamento numa linguagem de divulgação científica."

(**Marcos Machado** – Professor, mestre em Geociências e coordenador do curso de Biologia da ULBRA)

"O medo é, antes de tudo, fisiológico, protetor, quase como um pai. Ele nos mantém vivos, mas também pode nos matar. Quando o medo nos paralisa, quando não permite a busca de nossos sonhos, ele nos mata. É esse o alerta do professor Italo. Partindo das bases biológicas do medo, atravessando todo o complexo universo psicológico, ele nos conduz pelos labirintos desse sentimento e, assim, nos ajuda a controlá-lo, já que evitá-lo é quase impossível. Boa leitura!"

(**Eduardo Périco** – Doutor em Ecologia pela USP e mestre em Genética pela UFRGS)

"Reconheço que este livro nos coloca diretamente em encontro com o medo, essa emoção primitiva que distorce a nossa própria realidade. Abordado com precisão e clareza científica, o tema dá margens a 'lugares' de difícil acesso.
Ao tutor e amigo autor desta obra de valor epistemológico, parabéns por mais um passo à frente!"

(**Péricles Carvalho Passos** – Estudante de Psicologia – PUC de Goiânia/GO – 3° período)

"O livro do professor Italo é uma útil ferramenta que nos aparelha sem medo para enfrentar as adversidades existenciais. Claro e objetivo, ele esclarece sobre os meandros da mente e leva ao fortalecimento pessoal com maior autonomia, menos dependência e menos medo."

(**Carlos A. S. de Barros** – Médico psiquiatra. Docente dos cursos de Psicologia e Medicina da ULBRA)

"Viver torna-se mais interessante quando se dá um sentido ao porquê de as coisas acontecerem. Nesse livro, por meio da abordagem fisiológica, o autor demonstra o quanto o medo age como uma barreira que nos impede o viver. Compreender as origens do medo e superá-lo tanto quanto possível nos possibilita despertar para o viver intensamente."

(**Raquel F. da Fonseca** – Enfermeira especialista em atendimentos de emergência)

"A obra de Italo Abrantes Sampaio intitulada Medo: fronteira entre o sobreviver e o viver é uma disposição harmoniosa de múltiplos conhecimentos, em forma de resumo bastante didático, a qual aborda as origens do medo. Esse sentimento pode ser inato ou criado por nossa cultura que, em sua face positiva, serve para nossa proteção e/ou defesa, e, em sua face negativa, é capaz de dificultar e/ou impedir nosso desenvolvimento."

(**Liane Gergen** – Graduada em Ciências Contábeis e Direito; pós-graduada em Educação Ambiental Urbana e funcionária da Caixa Econômica Federal)

"Escrito com a excelência didática do professor, mas também com a alma curiosa e questionadora do eterno aluno. Brilhante!"

(**André Cardoso** – Pastor da Igreja Luterana do Brasil e aluno do curso de Psicologia da ULBRA)

"Medo! Medo de não ser, de não ter, de não conseguir! O medo, por sua abrangência e importância, pode influir na saúde e na qualidade de vida do indivíduo. O livro do professor Italo descreve-o com maestria. Em assim sendo, o trabalho do Professor Ítalo só engrandeceu o meu próprio trabalho, pois com competência descreveu o mais íntimo do sentimento humano e que acompanha, com muita frequência, cada um de nós".

(**Elvira Procópio Corrêa** – Administradora de empresas, advogada, escritora, membro da Academia Santanense de Letras)

"O livro Medo fez eu pensar sobre como ele (o medo) nos paralisa e como, se não o enfrentamos, ficamos dependentes de situações que tomam dimensões muito maiores do que realmente são. O medo é inerente ao ser humano. Enfrentá-lo é nosso maior desafio para nossa própria superação. Obrigada ao escritor Italo por trazer ao público tão importante obra."

(**Idilia D'Almeida** – Funcionária pública federal aposentada)

"Italo, querido filho, irmão, tio e cunhado! Viver ou sobreviver? Nós decidimos pelo viver! Por isso, hoje, dia do teu aniversário, viemos aqui te abraçar, porque compreendemos que podemos ficar sem te abraçar depois."

(**Pais, irmãs, sobrinha e cunhado** no aniversário do autor. 7/3/2010)

Nossas dádivas são traidoras e nos fazem perder o bem que poderíamos conquistar se não fosse o medo de tentar.

William Shakespeare

Podemos facilmente perdoar uma criança que tem medo do escuro; a real tragédia da vida é quando os homens têm medo da luz.

Platão

A coragem alimenta as guerras, mas é o medo que as faz nascer.

Émile-Auguste Chartier

A única prisão real é o medo. E a única liberdade real é a liberdade de não ter medo.

Aung San Suu Kyi

O medo fez nascer o mal, o bem que não foi feito.

O autor

Este livro foi escrito por alguém que, como todo mundo, tem medo e, portanto, é permeado por muitos medos.

O autor

Apresentação

O livro é também a minha história. Nascido em uma família pobre, de parcos recursos, mas com uma garra muito grande, uma garra pela vida, de acreditar, de fazer uma história, de construir, de se orgulhar, de olhar para si e dizer que valeu a pena essa passagem aqui, esse pedacinho que eu chamo de pedacinho da existência. É sentir orgulho de si, do seu nome, que você foi capaz de perdoar, que você capaz de amar, de se desapegar, de mudar, de partir, de encontrar, de sonhar, de renascer, transcender. Saber que há momentos de perdas, grandes perdas, e saber que essas perdas são intrínsecas à vida.

Eu gosto muito de uma expressão que chamo de *contingências do viver, fato possível e incerto*... não acredito nem em sorte nem em azar, não acredito nem em castigo, eu acredito no acaso. E dentro desse acaso, tudo cabe, cabe... estar aqui agora com você e a seguir não estar, é isso que eu chamo de acaso... sair daqui querendo chegar em algum lugar e não acontecer... de "n" formas não acontecer... Para mim é assim, a morte é tão somente uma face da vida, do viver, e esse saber torna a vida fascinante, excitante... Viver que não exclui o medo, mas que o inclui e por isso nos deixa com mais tesão pela vida, por conta do que se teme não é a morte, fim de quem vive, mas a angustia que consome, em saber que não estarei no futuro... essa é a grande angustia que eu tenho... não estar vendo as mudanças no mundo, não estar e contar historias aos filhos dos filhos, não estar vendo o sol nascer, a chuva, a tempestade... não estar no futuro, isso é angustiante, não experimentar coisas novas, porque a vida é um privilégio! Fazer história é talvez a forma de se eternizar em presentes. É isso!!!!

Eu vi muitas pessoas, eu testemunhei muitas pessoas que perderam grandes oportunidades que tiveram na sua vida e só foram entender que eram grandes oportunidades depois de tê-las perdido... momentos... momentos...

Boa leitura!

Prefácio à 4ª edição

Foi com muita surpresa, honra e alegria que recebi o convite de meu amigo e colega Italo Abrantes Sampaio para elaborar o prefácio à 4ª edição de sua prestigiada obra *Medo: fronteira entre o sobreviver e o viver*.

Espero que no meio de tantos depoimentos de pessoas que já leram e se encantaram com as ideias lançadas pelo autor em seu estudo, as palavras ora ditas tenham condições de estar à altura do que já falado, em especial pelo fato de que há o meu próprio medo da não aceitação destas singelas, mas sinceras linhas, pois, como o próprio Italo refere no início de sua obra, ninguém está isento do medo.[1]

A obra confunde-se com seu autor. Se não conhecesse a pessoa do Italo, ele seria alguém identificável pelo seu próprio texto, como bem refere Gabriela Pereira ao prefaciar a 1ª edição, na qual comenta ser o escritor uma pessoa sensível e preocupada com nosso futuro, mas não deixando, mesmo assim, de ser um cientista, pois revisa teorias, para chegar às suas conclusões, que fazem parte das ciências na atualidade.

Mas um questionamento é obrigatório ser respondido desde já: o que um profissional do direito, que não imbuído apenas pelo sentimento de amizade que tem pelo autor, faz prefaciando uma obra destinada ao estudo do Medo?

A resposta encontra morada no estudo transfronteiriço que o direito adquiriu nas últimas décadas. O fracasso do positivismo jurídico durante as atrocidades ocorridas nas guerras globais que existiram até meados do século XX fizeram com que o estudo do direito encontrasse guarida em outras áreas do conhecimento. Não se torna raro, na atualidade, encontrar estudos que transcendem o campo meramen-

---

[1] "Este livro foi escrito por alguém que, como todo mundo, tem medo e, portanto, é permeado por muitos medos".

te jurídico, podendo-se encontrar, no novo ambiente criado, ligações entre o direito e: (*i*) a economia; (*ii*) a literatura; (*iii*) a filosofia; (*iv*) a sociologia; (*v*) a psicologia; (*vi*) a biologia entre outros que se poderia lembrar neste momento.

Tendo a obra contornos inegáveis de alguém que está preocupado com algumas questões que o próprio profissional do direito deveria melhor se preocupar,[2] e sendo uma obra que caminha por áreas que a ciência jurídica tem se preocupado em conhecer melhor, é que alguém, que estuda os fenômenos jurídicos, está apto a prefaciar a mais uma edição deste valioso material para estudo que, concordando com o que depõe Jorge Trindade, deveria se tornar leitura obrigatória para estudantes e profissionais de todas as áreas.

Não querendo me tornar longo, tampouco adiantar o que Italo, poeticamente, escreve, não posso deixar de citar uma parte final do seu texto, no qual fala *"[...] podemos sonhar e praticar o amor pelo amor, o amor pelo outro, o amor por nós, única emoção capaz de nos redimir, nos fazer crescer e nos fazer atingir a maturidade necessária para garantir um futuro em que floresça e frutifique tudo que é vivo"*.

Apostando na mensagem da obra trazida pelo Italo, que acredito ser a maior delas a de que podemos buscar maior humanidade em cada um de nós, se nos doarmos mais, com amor e respeito mútuos, é que, com muita honra, aposto nas minhas palavras como um mero tira-gosto do que o leitor está prestes a se deleitar.

Meus parabéns ao Ítalo não só pela obra em si, mas por chegar numa 4ª edição, meu agradecimento pela oportunidade de compartilhar do teu sucesso e minha admiração à Livraria do Advogado Editora que, nas pessoas do Walter e do Valmor tem apostado em obras de reflexão, como a ora prefaciada.

Marco Félix Jobim
Doutor em Direito, Professor Universitário e Advogado.

---

[2] Note-se a preocupação do autor com valores básicos que o ser humano deve ter e que passam, *a latere*, do nosso dia a dia. Escreve: "Valores humanos tais como altruísmo, solidariedade, alteridade, verdade, gentileza, honestidade, equidade, entre tantos outros, ao serem condicionados no presente, são passíveis de se tornar inatos no futuro e assim constituir mentes humanas melhores".

Prefácio

Escrever sobre o medo é, ao mesmo tempo, uma tarefa instigante e árdua, pois a emoção do medo é ancestral e traz consigo derivações quase infinitas! Suas bases neurofisiológicas e comportamentais devem ser definidas e constantemente atualizadas, assim como são necessárias análises mais subjetivas e o uso de teorias psicanalíticas e socioculturais, além do estudo dos distúrbios relacionados. Abordando apenas um dos aspectos dessa complexidade, tão bem elucidada no presente livro, podemos compreender que o medo pode gerar a autopreservação ou a autodestruição.

Italo Abrantes Sampaio, neste ensaio sobre o medo, mostra-se um homem sensível, questionador e analítico, preocupado com o futuro do nosso planeta e com o comportamento presente e futuro de nossa espécie.

Baseando-se em teorias científicas atuais e valendo-se sempre de questionamentos e citações, revisa as origens do medo, relaciona-o com a raiva, a agressividade e a saúde do indivíduo; diferencia o medo inato e o condicionado; aborda o medo da perda material e emocional; avalia o controle do medo pela razão, e, entre outros direcionamentos, relaciona o medo com as diferenças entre as classes sociais.

Além disso, lança mão de sua visão terna e romântica para aglutinar o "amor" a esse tema complexo, sugerindo-o como agente capaz de atenuar os efeitos negativos do medo e construir a maturidade da espécie humana.

É um livro que abre caminhos para inúmeros e valiosos questionamentos, permeando o núcleo do medo e direcionando-nos para um estado contínuo de reflexão,

autoconhecimento, enfrentamento do medo, reconhecimento e compromisso com os valores humanos, que deve
ser construído para que assim possamos vislumbrar a preservação da espécie e do planeta.

Gabriela A. M. Pereira

Bióloga, mestre em Neurociências

Sumário

1. Introdução 23

2. O conflito interior de todos nós, causado pela emoção do medo inato, medo condicionado e seus sentimentos 29

3. Fique tranquilo, não tenha medo 35

4. Por que herdamos a emoção de medo? 39

5. Respondendo à emoção do medo 43

    5.1. Fisiológicas 43

    5.2. Comportamentais 45

6. Circuito neural do medo 47

7. Desenvolvimento das teorias das emoções e seus componentes anatômicos 51

    7.1. Primeiro se emocionando, sentindo depois 56

8. Da emoção da raiva à agressão 59

9. Freud, Melanie Klein, Donald Woods Winicott e Jacques Lacan e as raízes do condicionamento 61

    9.1. A comprovação do condicionamento 66

10. Medo: fronteira entre o sobreviver e o viver 69

11. Matando por medo do nosso passado e também do nosso presente 75

    11.1. Os novos sistemas sociais e o desequilíbrio 76

    11.2. O galho que parece cobra, e a criança pedindo esmola 79

12. Nosso sistema nervoso encefálico, onde tudo que se planta, até as sementes imaginárias do medo condicionado, nasce e dá muitos frutos: frutos de gosto mau, amargo 81

    12.1. Síndrome de Procusto 86

    12.2. O homem de 20 dedos, o açougueiro, entre outros 89

13. O medo pode tornar-se crônico: ansiedade e estresse 91

    13.1. Fobia, manifestação intensa do medo 93

14. Esquizofrenia: mente fragmentada e os sintomas de perder-se de si..95

15. Terapêutica do medo, a garantia do que é vivo........................97

16. Transcender ao encontro da vida..101

Referências..105

Glossário..109

Anexos..111

Direitos humanos: a justa espada para aplacar o medo que emerge do paradigma educacional, raiz da violência social........111

Sustentação da petição da advogada Dra. Elvira Procópio Corrêa...129

Sentença do Juiz Dr. Sílvio Luís Algarve.....................................135

1. Introdução

Para abordar o tema *medo* desde sua origem, suas expressões corpóreas, suas implicações e seus desdobramentos em nossa vida, até o seu enfrentamento, convido vocês a dividirem comigo a construção reflexiva de um caminho, por meio desta modesta leitura, na crença de que ele possa ser remédio para as nossas feridas e, assim, a exemplo da nossa evolução morfológica, possamos alcançar igualmente a maturidade mental que nos possibilite, com coragem, enfrentar nossos medos e celebrarmos a vida.

Historicamente, o estudo do medo e seus análogos, como ansiedade, raiva, fobia, estresse, entre outros, tem início a partir dos relatos de Darwin (1872) no livro *A expressão das emoções no homem e nos animais*. Segundo ele, a compreensão do comportamento dos animais era o caminho para a compreensão das emoções humanas. Desse modo, Darwin inferiu que as emoções, presentes em nós e em todos os animais, inclusive as de medo, eram inatas, ou seja, herdadas do mesmo modo que as características morfológicas.

Assim, todos nós trazemos, ao nascer, a emoção de medo. Ao vivenciá-la, somos tomados por uma série de reações neurovegetativas, em maior ou menor grau, que se caracterizam por uma ampla expressão, desde o aumento da pressão arterial, da frequência cardíaca, da respiração, piloereção, micção, defecação, exoftalmia, acompanhadas por uma atividade comportamental e uma percepção sentimental.

A partir do nosso nascimento e ao longo do nosso desenvolvimento, o processo da nossa formação educacional, social e cultural irá forjar em nosso sistema nervoso, sobre as bases do medo inato, um outro medo, denominado condicionado. Esse medo emerge desde tenras idades, quando as crianças, exageradamente, são impedidas de aprender por si mesmas, seja pela cultura do não, pela superproteção, pela imposição do que seus educadores acreditam que seja certo, por frases do tipo "Deus castiga" e, em alguns casos, com castigos físicos e psíquicos.

Por conta do medo condicionado, o homem moderno vem sobrevivendo amedrontado, inseguro, permanentemente em estado de alerta, angustiado e suscetível às doenças decorrentes desse estado estressante.

Por fruto do nosso condicionamento de medo, fomos levados a acreditar que o nosso êxito vai além de ter o que nos é necessário: é preciso que o outro não disponha das mesmas coisas. Tal modelo de valores, que nos condiciona a ter medo do outro, afastou-nos do humanismo e, inevitavelmente, remeteu-nos aos valores das coisas.

Analogamente, valho-me do atual, doravante e eterno movimento mundial para salvar o planeta.

Salvar do quê?

Parece-me razoável, no mínimo autocrítico, que a iminência de extermínio do planeta não seja outra coisa senão o legado da autocondenação humana, doença desenvolvida profunda e longamente pelo processo de alienação e desumanização em que, perdidos de nós mesmos, não conseguimos enxergar o outro como parte de nós, portanto igualmente merecedor dos mesmos recursos básicos à vida.

[...] as formas como usamos a energia fortalecem nossos adversários e ameaçam nosso planeta [...]

[...] buscam apenas os prazeres das riquezas e da fama [...]

[...] uma nação não pode prosperar por muito tempo quando favorece apenas os mais ricos [...]

[...] vamos trabalhar incansavelmente para diminuir a ameaça nuclear e reduzir o espectro do aquecimento global [...]

[...] Saibam que seus povos irão julgá-los a partir do que vocês podem construir, e não destruir [...]

[...] nem podemos consumir os recursos do mundo sem nos importar com as consequências [...]

[...] o entregamos com segurança para as gerações futuras [...]

Barack Obama[3]

---

[3] Trechos do discurso de posse do presidente dos Estados Unidos Barack Obama, 2009.

O mal que cronicamente faz agonizar o planeta é o resultado das nossas ações de espoliação do ambiente e, em muitos casos, também das nossas omissões.

Todo homem, cada homem é responsável pelo destino da humanidade – por suas ações e omissões [...] o individualismo gera o egoísmo, raiz de todos os males.

Dom Hélder Câmara[4]

Mas a ambição do homem é tão grande que, para satisfazer uma vontade presente, não pensa no mal que daí a algum tempo pode resultar dela.

Nicolau Maquiavel[5]

Inegavelmente, por trás desse comportamento estão, de forma inata, as nossas reais memórias de medo da escassez dos recursos, outrora impostas pela natureza ou pela mão do outro. Contudo, como perceberemos ao longo deste caminho de leitura, na grande maioria das vezes isso decorre de nosso medo imaginário, fruto de um condicionamento cujo alicerce se forma num conjunto de valores socioculturais falsos, egoístas e antropocêntricos que nos desapropria do pensar, leva-nos a espoliar o ambiente, a acumular mais do que necessitamos e a cometer tantos outros males.

Nômade, o ser humano vivia da caça e da coleta de alimentos estritamente necessários à manutenção da vida. O "ter" não era recomendável a quem tinha que carregar suas "posses por longos caminhos". O "ter" estava restrito ao mínimo necessário e o horizonte do "ser" se limitava ao momento presente.

Francisco Antônio Pereira Fialho[6]

Se, por um lado, sob o ideal da nossa sobrevivência poderia justificar-se o preservar, e em nenhum momento o acumular, soa realmente como doença o comportamento do acúmulo, a pretexto desse medo imaginário, sedimentado em nossas cabeças desde tenras idades.

---

[4] CÂMARA, Hélder. *O deserto é fértil.* 11.ed. Rio de Janeiro: Civilização Brasileira, 1981.

[5] MAQUIAVEL, Nicolau. *Discursos sobre a primeira década de Tito Lívio.* São Paulo: Martins Fontes. 520p.

[6] FIALHO, Francisco Antônio Pereira. *Introdução ao estudo da consciência.* Curitiba: Gênesis, 1998.

Nesse cenário, esse nosso comportamento configura-se e consolida-se como doença do nosso mental.

O critério da ação ética não pode mais consistir no fato de que aquilo que é considerado bom tome o caráter de um imperativo categórico; inversamente, o que é considerado mau não deve ser evitado de um modo absoluto.

[...] a educação é em grande parte a culpada por esse estado de coisas: ela procura suas normas exclusivamente no que é normal, e nunca se refere à experiência pessoal do indivíduo. Ensina-se frequentemente um idealismo que não pode ser satisfeito, e as pessoas que o defendem são conscientes de que nunca o viveram nem jamais o viverão.

C. G. Jung[7]

O fato é que, por conta das nossas memórias e projeções mentais futuras, que nos suscitam o medo, seja ele inato, seja ele condicionado, não nos vemos nunca no presente, não usufruímos o hoje, deixamos de viver o agora e suas oportunidades de beleza.

Os homens que perdem a saúde para juntar dinheiro e depois perdem o dinheiro para recuperar a saúde, por pensarem ansiosamente no futuro, esquecem o presente, de tal forma que acabam por nem viver no presente nem no futuro; vivem como se nunca fossem morrer e morrem como se nunca tivessem vivido.

Buda[8]

Por estarmos atrelados ao passado e projetando o futuro, não contatamos com o presente, e por isso não o cuidamos, não o vivemos. Alienados de nós mesmos e na iminência catastrófica planetária, buscamos a autoabsolvição com o discurso da sustentabilidade, que, por conta do nosso modelo de condicionamento perverso, que também interdita nossa criatividade, fica apenas no campo das ideias estéreis.

Se queres ser cego, sê-lo-ás.

José Saramago[9]

---

[7] JUNG, C. G. *Memórias, sonhos e reflexões*. Rio de Janeiro: Nova Fronteira, 2002.

[8] BUDA. Disponível em: <http://recantodasletras.uol.com.br/acrosticos/1499480> Acesso em: 14 jul. 2009.

[9] SARAMAGO, José. *Ensaio sobre a cegueira*. 6.ed. São Paulo: Companhia das Letras, 1995, 312p.

Trata-se de uma indústria de marionetes. No dizer de Foucault, o objetivo é o de internalizar os signos de tal forma que nem percebemos o quanto de nosso comportamento é subordinado e não livre. Até que ponto a opinião pública é diferente da opinião que se publica? Desde o momento em que nascemos, já passamos a nos submeter a um processo de domesticação cultural com vistas a preservação de um status quo que pretende manter a si mesmo, a qualquer preço.

Francisco Antônio Pereira Fialho[10]

Não se pode e nem se deseja deixar de reconhecer as necessidades humanas individuais; contudo, a não percepção do outro como uma extensão de nós e de um todo muitíssimo maior – merecedor, portanto, dos mesmos meios à sua sobrevivência – destitui-nos o altruísmo, afasta-nos enormemente da ideia do coletivo, da cooperação e do humanismo, imprescindíveis para viabilizar o desenvolver sustentável que garanta o nosso salvamento e o do planeta.

Vivemos nossas subjetividades segundo um padrão arcaísta, sendo nossas ações permeadas por este ranço. Trabalhamos seguindo as contingências unívocas de uma economia exclusivamente voltada para o lucro, baseada em relações de poder. Essa ambiguidade no trabalho social, que fala do homem, mas o deixa em segundo plano em nome de uma abstração chamada competitividade [...].

Francisco Antônio Pereira Fialho[11]

Em nome do nosso medo imaginário condicionado, edificamos a divisão do meu e do teu; alegamos a luta pela sobrevivência, subjugamos o outro, proclamamos as guerras e nos sentenciamos à impossibilidade de viver a plenitude. Porque instituída a ideia da competitividade e da força, sempre haverá alguém mais competitivo e mais forte.

O falar e a deambulação bípede destacam o homem de outros animais. Ele agora tem um relacionamento com o mundo ao seu redor que é de outra qualidade. Com sua visão em foco, ele percorre as coisas com o olhar e sua natureza é tentar dominar e controlar o mundo. Não é mais um participante passivo dos eventos naturais. Com sua manipulação

---

[10] FIALHO, Francisco Antônio Pereira. *Introdução ao estudo da consciência*. Curitiba: Gênesis, 1998.

[11] Idem.

do meio ambiente, impõe sua vontade sobre a natureza. Torna-se um criador. Na qualidade de criador, o homem se identifica com Deus, a quem considera o criador do Universo. Neste estágio de sua vida, o homem aspira ser como Deus; quer dizer, esforça-se para ter onisciência, onipotência e imortalidade, atributos divinos. Olha para o céu, em busca de inspiração e conhecimento.

A tentativa de transcender nossa natureza animal deve terminar em fracasso. Somos fundamentalmente animais, diferentes em graus, mas não em gênero. Nascemos e morremos como eles o fazem. Todos partilhamos da grande aventura de viver. O que fazemos não é importante; o que conta é como levamos nossas vidas. Não é o fim que importa (todos chegamos ao mesmo fim) mas a viagem em si. Realizar e conseguir coisas pode acrescentar um tempero à vida, mas não é viver. Viver acontece a nível corporal ou animal. E, a este nível, a coisa importante é sentir. Somente organismos vivos podem sentir. A questão não é se conseguimos ou não alguma coisa melhor, mas sim se vivemos plenamente nossa vida. Viver plenamente é ter as sensações e todos os órgãos dos sentidos à nossa disposição para a experiência do viver.

Alexander Lowen[12]

O grande segredo da educação consiste em orientar a vaidade para os objetivos certos.

Adam Smith[13]

---

[12] LOWEN, Alexander. *Medo da vida*. São Paulo: Summus, 1986.

[13] SMITH, Adam. Disponível em: <http://edypinturaseartes.blogspot.com/2009/05/frases-sobre-educacao.html> Acesso em: 14 jul. 2009.

2. O conflito interior de todos nós, causado pela emoção do medo inato, medo condicionado e seus sentimentos

Relaxe!

Antes de qualquer outra coisa, ter medo não é bom nem é ruim; é humano e é algo que partilhamos com todos os outros animais, como veremos.

Toda a questão é: como lidamos com esses medos e quais seus efeitos sobre nossas vidas?

Qual de nós não passou, em vão, dias, e noites também, em particular, travando diálogos infinitos e experimentando sentimentos desconfortáveis e sofrimento por conta da emoção do medo imaginário? Pois se esse fosse real, certamente o enfrentaríamos e saberíamos com precisão os nossos limites ao vencê-lo ou ao reconhecer nossa impotência diante dele.

> É assim que os mortos assustam mais que os vivos; os fantas-mas angustiam e torturam as mentes ingênuas muito mais que um bandido de carne e osso; em suma, o que não existe oprime mais do que aquilo que existe. Não obstante, seria injusto negar a existência a isso que não existe, no sentido comum do termo, pois a verdade é que existe na imaginação, ou seja, criado por quem o sofre e, justamente por isso, não lhe pode fugir, pois se-ria necessário fugir de si próprio para conseguir safar-se de sua ameaça.[14]

O importante é que, seja lá qual for o resultado, sempre tiramos algo dessa experiência. Aprendemos sempre, ou, melhor, quase sempre.

A vida em sua essência é ineditamente mágica e linda, e vez que nunca estamos prevenidos, posto que o grande

---

[14] MIRA y LÓPEZ, Emílio. *Quatro Gigantes da Alma*. 10ª ed. Rio de Janeiro: José Olympio, s/d, p. 19.

e real estímulo causador da emoção de medo chegará sem aviso-prévio, precisamos transformar o medo e sua experiência em algo que vá ao encontro da vida e do viver, nascendo e renascendo a cada sofrer.

> O medo de sofrer é pior do que o próprio sofrimento. E nenhum coração jamais sofreu quando foi em busca de seus sonhos.
>
> *Paulo Coelho*[15]

Qual a fronteira entre o medo inato, que preserva a vida (sobrevivência), e o medo condicionado, estabelecido pela cultura, que nos traz a dor, a raiva, a ansiedade, o pânico e tantos outros sentimentos ruins, além da implacável possibilidade de arrependimento por uma oportunidade de dizer "eu te amo" para sempre perdida e de tantas outras de felicidades não vividas?

Quais as origens dessas emoções de medo e dos sentimentos que dele emergem? Em quais estruturas da nossa anatomia nervosa habitam essas entidades? Quais e como os mecanismos fisiológicos e comportamentais nos fazem experimentar essas emoções?

Das inúmeras funções cerebrais, a razão e a emoção estão entre as que demandam maior complexidade.

A emoção de medo envolve os seguintes aspectos:

- a subjetividade de sentimentos negativos;
- respostas químicas e físicas internas ao indivíduo que se traduzem por sua fisiologia;
- comportamentos e ações características.

Dado o espectro fisiológico e comportamental das emoções que desencadeiam sentimentos negativos, essas são as mais facilmente reconhecidas, e nesse contexto se encontra a emoção de medo.

A emoção de medo e o sentimento que dele emana, embora subjetivos, surgem quando algo real e ameaçador ou acionado pelo nosso imaginário – e aí envolve muito do nosso condicionamento – estimula no nosso sistema nervoso central (SNC), lá no encéfalo, estruturas que fazem desencadear respostas adaptativas a esses estímulos, que a

---

[15] COELHO, Paulo. *Às margens do Rio Piedra eu sentei e chorei*. Rio de Janeiro: Rocco, 2000. 240p.

fisiologia denomina reação de luta ou fuga, ambas relacionadas a desgaste físico e mental, dado o altíssimo consumo das nossas energias.

O sistema nervoso central (SNC) é constituído pelo encéfalo e pela medula espinhal. O encéfalo, contido na caixa craniana, é formado por estruturas menores, responsáveis pela gênese das nossas emoções de medo, bem como de todas as outras funções orgânicas.

Figura 1 – Anatomia do sistema nervoso central (SNC).

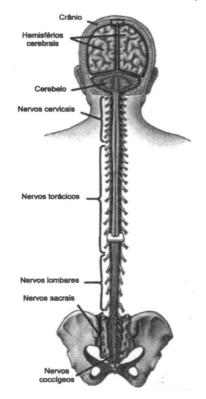

Fonte: Silverthorn, 2003.

À medida que uma emoção de medo se prolonga e se torna crônica, desencadeia a ansiedade e, na sua persistência, o estresse (síndrome do pânico).

Paralelamente à emoção de medo, pode também surgir a emoção de raiva como uma forma de preparo para uma resposta de defesa agressiva (ofensiva ou defensiva), visando assegurar a sobrevivência.

Ainda, sob o ponto de vista da anatomia, a emoção de medo envolve uma região do SNC denominada sistema límbico, também denominado cérebro primitivo, no qual reside o centro das nossas emoções.

A emoção de medo tem início quando os estímulos que chegam ao encéfalo, até o córtex e ao tálamo, são conduzidos à amígdala, onde serão gerados os comandos para o hipotálamo e o tronco cerebral executarem as respostas comportamentais e fisiológicas adaptativas de resposta a essa emoção.

No entanto, há um atalho cerebral que nos faz dar respostas infinitamente mais rápidas, ou seja, agir primeiro e pensar depois.

No que tange à emoção de medo, o fator determinante, mais do que nosso grande e desenvolvido cérebro, é a amígdala, estrutura do sistema límbico que primeiramente recebe informações do tálamo, que a ele chegam pelos nossos órgãos do sentido auditivo, visual e olfativo. Desse modo, a amígdala deflagra a nossa emoção de medo ao ser informada de um estímulo ameaçador, real ou imaginário, fazendo-nos responder, adaptativamente, com o comportamento de fuga ou luta, mesmo antes de termos consciência do estímulo causador de medo.

Esse evento pode ser mais bem compreendido com o seguinte exemplo: suponhamos que você, ao podar sua árvore, aviste um galho que se assemelhe a uma cobra. Esse estímulo visual seguirá para o córtex cerebral, lá no encéfalo. A imagem ainda obscura é enviada ao tálamo e, a partir daí, segue dois caminhos: um primeiro, em milésimos de segundo, até a amígdala, e um outro, de processamento analítico mais lento, realizado pelo córtex cerebral.

Informada pelo tálamo, a amígdala associa a informação recebida com outras do nosso passado evolutivo.

Reconhecida a imagem como sendo potencialmente perigosa, a amígdala dispara sinais ao corpo, via hipotálamo, preparando-o para lutar ou fugir, cujas implicações fisiológicas vão desde a taquicardia, a piloereção, a midríase, a boca seca, o congelamento, entre tantas outras.

Apenas secundariamente a informação chega ao córtex visual, cuja responsabilidade é processar a imagem recebida, e aí conscientemente será reconhecida como um estímulo ameaçador ou não.

Outro exemplo é o de um motorista que, ao dirigir seu automóvel executando diferentes atividades (olhar pelos espelhos, executar mudanças de marchas etc.), podendo ainda ouvir música e falar ao telefone, freia em milésimos de segundo, caso o carro da frente pare abruptamente.

Esse outro exemplo reforça que, diante de qualquer estímulo que ameace a vida, prontamente a amígdala desencadeará a referida resposta de defesa, ou seja, de sobrevivência, luta e fuga.

Acionada a amígdala, pelo primeiro caminho, reforça o claro propósito da preservação da vida, que ficaria comprometida por segundos a mais, por conta da amígdala ficar aguardando informações mais refinadas que estão sendo processadas nas áreas do córtex cerebral.

Figura 2 – Esquema do cérebro humano

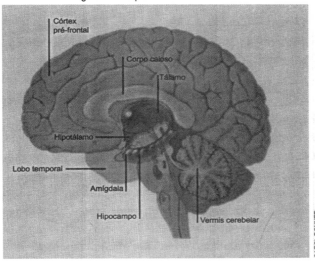

Fonte: http://colegiosaofrancisco.com.br/alfa/corpo-humano-sistemanervoso/imagens/divisao-do-sistema-nervoso-14.jpg

O medo inato salva e o medo condicionado escraviza. Assim, dois são os mecanismos de que dispomos para responder à emoção de medo: um racional, gerido pelas informações que chegam ao córtex, sede da nossa consciência, e outro irracional, formado por estímulos potencialmente perigosos do nosso passado evolutivo, que seguem direto à amígdala, sem que tenhamos consciência.

3. Fique tranquilo, não tenha medo

Como já vimos, nossos medos têm origem. E, sabendo disso, já demos um primeiro passo para seu enfrentamento. O outro segundo grande passo é: sendo o medo uma emoção que também pode ser "colocada" em nossas cabeças pela cultura (memórias condicionadas pelo processo educacional), podemos entender, pelo simples raciocínio, que se algo é colocado, é igualmente passível de ser "retirado" ou, melhor, modificado. Não estou dizendo que é simples e fácil, mas esse entendimento é, a meu ver, a melhor terapêutica para o seu enfrentamento, seu controle e sua dissipação.

A técnica utilizada pela Psicologia Cognitiva Comportamental, para a terapia da emoção de medo, é simples, e a conheceremos mais adiante.

Vamos ao que interessa: a origem dos nossos medos.

O que seria de nós sem a emoção de medo? Por mais estranho que possa parecer, há uma doença chamada Urbach-Wiethe, que nos tira qualquer possibilidade da emoção de medo. Imaginem o desafio em manter alguém longe dos perigos, e vivo, uma vez que essa pessoa não teme nada.

Bem, um de nossos medos, o inato, é fruto de uma herança imprescindível e caprichosamente seletiva que se deu ao longo de um processo de milhões de anos na nossa evolução.

Charles Darwin, em 1872, publicou a obra *A expressão das emoções no homem e nos animais*. Entre essas emoções, lá está contemplada a emoção de medo.

Em sua obra, Darwin postula que as expressões dessas emoções são comuns em diferentes espécies animais, incluindo o homem, e que essas são transmitidas ao longo das gerações, ou seja, inatas (daí medo inato), e seguindo os mesmos padrões evolutivos como o de outras características morfológicas.

Por esse postulado darwiniano, entende-se que, sendo a emoção inata e conservada ao longo da evolução, essa tem relevante papel na sobrevivência das espécies, inclusive da espécie humana.

Darwin sustenta sua teoria por meio de inúmeros exemplos, entre eles o de que, embora já não usemos os dentes para lutar, em determinadas circunstâncias ainda os exibimos como cães e macacos o fazem, como forma de expressar nossas emoções. Reitera ainda Darwin que essas emoções são indistintamente transmitidas a homens e a mulheres de qualquer parte geográfica, raça ou cultura.

Figura 3 – Charles Darwin

Fonte: http://seminario.wordpress.com/2009/04/01/charles-darwin-adam-smith-e-lord-kelvin-tons-de-uma-era/

De lá para cá, diversos neurocientistas, como Arne Öhman e António Damásio, têm cientificamente corroborado Darwin:

> [...] todos os organismos vivos, desde a humilde ameba até o ser humano, nascem com dispositivos que solucionam automaticamente, sem qualquer raciocínio prévio, os problemas básicos da vida [...]. No curso da evolução biológica o equipamento inato e automático é a homeostase (*) [...] A nossa herança genética garante que todos estes dispositivos estejam ativos na data do nascimento, ou pouco depois com pouca ou nenhuma dependência da aprendizagem [...] o esforço implacável da autopreservação presente em qualquer ser [...]. Até mesmo as emoções propriamente ditas – o medo [...] visam à regulação da vida direta ou indiretamente [...] no entanto é evidente que a raiva e o medo salvaram numerosas vidas ao longo da evolução.
>
> *António Damásio*[16]

Logo, sendo o medo uma dessas relevantes emoções para a nossa sobrevivência, onde estão as respostas para sua existência e como podemos estabelecer a fronteira desse medo entre o nosso sobreviver e o nosso viver?

---

[16] DAMÁSIO, António. *Em busca de Espinosa*: prazer e dor na ciência dos sentimentos. São Paulo: Companhia das Letras, 2004.

4. Por que herdamos a emoção de medo?

O medo e sua emoção subjacente, a raiva, são importantes mecanismos biológicos para a defesa territorial e da prole, estabelecimento de hierarquia social e disputa pelas fêmeas entre os animais.

Em nós, essas emoções estão quase sempre equilibradas e contidas pela razão, fruto da cultura social, e por um condicionamento muitas vezes cerceador da felicidade.

Em meio às nossas emoções de medo, temática deste livro, e a razão, há um infinito território de possibilidades de belezas e grandezas humanas criativas que, pelo condicionamento, pode passar anônimo por toda uma vida, habitando um lugar igualmente subjetivo, chamado mente.

Levando-se em conta que as emoções, inclusive a de medo, apresentam manifestações comportamentais, bioquímicas e fisiológicas, detectadas nos fluidos biológicos, acompanhadas de atividades cerebrais mensuráveis pela biofísica, a Neurociência tem-se valido desses parâmetros para estabelecer um paralelo a partir dos relatos subjetivos humanos dessas emoções, em associação com as medidas detectáveis em animais experimentais, para criar sua metodologia.

Conforme já mencionado, o relevante papel das emoções nos animais, inclusive em nós, teve seu marco histórico com Charles Darwin, que também por isso é o precursor da Etologia, o estudo do comportamento.

Medo – fronteira entre o sobreviver e o viver

A relevância da emoção de medo é assim entendida:

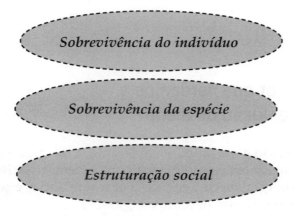

No embate de vida e morte entre predador e presa, a agressividade ofensiva do predador é decisiva para dominar e matar a presa, e a agressividade defensiva da presa é igualmente decisiva para sua defesa, pondo em fuga ou imobilizando seu predador, ou ainda lhe possibilitando a fuga.

Todas essas possibilidades, de predador e presa, são condições criadas pelas reações orgânicas produzidas pela emoção do medo.

O equilíbrio comportamental resultante dessa emoção entre presa e predador subentende também o equilíbrio de sobrevivência de ambos, o que lhes assegura chegar à vida reprodutiva e, com isso, garantir a sobrevivência da espécie.

Ao sobreviver e continuar exibindo o comportamento de agressividade para o estabelecimento de hierarquia grupal, disputa pelas fêmeas (corte) e demarcação territorial, organiza-se a estruturação social do grupo.

Já no nosso caso, a expressão emocional de medo e o comportamento que dela se consolida como forma de comunicação estão estreita e imprescindivelmente ligados à organização da estrutura da nossa sociedade e, consequentemente, à nossa convivência.

A figura acima representa as páginas em branco no livro da história da sua vida, as quais você, ao declinar da autoria, permitiu que ficassem para sempre perdidas. Quantas mais?

5. Respondendo à emoção do medo

Nossas respostas orgânicas e mentais, características de cada emoção, são estudadas por uma área do conhecimento denominada Neurobiologia das Emoções, também referida como Neurociência Afetiva. Essa é uma área relativamente nova, cujo objetivo é elucidar os percursos neurais e suas implicações em nossas respostas emocionais e de humor.

Nossas emoções tanto podem ser negativas quanto positivas; embora ambas tenham em comum a subjetividade, são as emoções negativas as de mais fácil reconhecimento, dado que suas respostas fisiológicas repercutem em manifestações orgânicas observáveis, associadas à clareza da correlação comportamental.

A título de lembrança, tais repercussões perpassam todos os animais, entre os quais estamos incluídos.

Somos fundamentalmente animais, diferentes em graus, mas não em gênero. Nascemos e morremos como eles o fazem.

Alexander Lowen[17]

Assim, diante de um estímulo, real ou imaginário, perigoso, a amígdala irá ativar o hipotálamo, cujas respostas serão fisiológicas e comportamentais.

5.1. Fisiológicas

Taquicardia, taquipneia, vasoconstrição cutânea e paralisação das atividades digestórias, todas visando a maior

---

[17] LOWEN, Alexander. *Medo da vida*. São Paulo: Summus, 1986.

Medo – fronteira entre o sobreviver e o viver

provimento de sangue e oxigênio para músculos e sistema nervoso; dilatação das pupilas (midríase), aumento do campo visual; suor frio e piloereção visando ao aumento da troca de calor entre o meio intra e extracorpóreo, estimulação do sistema linfático e aumento da produção de glicose, por estimulação dos hormônios cortisol e adrenalina, visando atender à alta demanda energética, necessária à luta ou à fuga.

Figura 4 – Reação de luta ou fuga

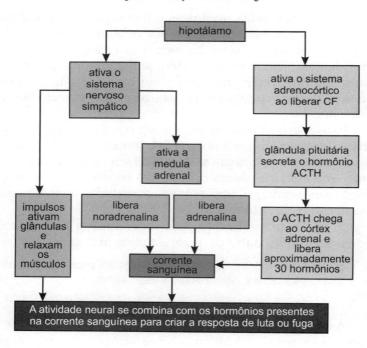

Fonte: http://scienceblogs.com.br/eccemedicus/2008/12/
evolucao-e-a-reacao-de-estresse.php

As respostas fisiológicas são executadas pela divisão simpática do sistema nervoso periférico autônomo e pelo sistema endócrino.

5.2. Comportamentais

Um ser humano tenciona a musculatura do tronco, braços semiflexionados à frente do corpo, com alguma ou nenhuma vocalização. Um cão eriça seus pelos dorsais, tem suas orelhas em pé, patas traseiras semiflexionadas, rosna e late.

Tais ações comportamentais são executadas pelo sistema nervoso periférico somático.

Essas respostas adaptativas fisiológicas e comportamentais podem apresentar diferentes modulações em diferentes momentos do mesmo indivíduo e em diferentes indivíduos.

Diante de um estímulo, as respostas do sistema nervoso que ocorrem na base de uma emoção são imediatas e, mesmo na ausência de qualquer expressão verbal, são passíveis de ser percebidas e até bioquimicamente e biofisicamente mensuradas, ou seja, o corpo fala.

> [...] boca e olhos são bem abertos e as sobrancelhas erguidas. O homem amedrontado fica primeiro paralisado, sem respiração, ou agachado, como se tentasse não ser visto. O coração bate rápido e violentamente de encontro, duvidosamente melhor do que o habitual [...] a pele fica pálida, há um suor frio. Os pelos se eriçam, os músculos superficiais tremem, a boca fica seca, forte tendência ao bocejo, a voz torna-se rouca, indistinta e podendo desaparecer, as pupilas se dilatam, dentre outras expressões comportamentais observáveis.
>
> *Charles Darwin*[18]

Na presença de estímulos permanentes, geradores de emoções de medo, as respostas do sistema nervoso periférico autônomo dar-se-ão de forma contínua sob os sistemas orgânicos cardiorrespiratórios, endócrino, digestório

---

[18] DARWIN, Charles. *A expressão das emoções no homem e nos animais*. Rio de Janeiro: Companhia das Letras, 2000.

e imunológico, cujo resultado é a ansiedade e o estresse (síndrome do pânico).

Desse modo, podemos entender que as emoções negativas crônicas também constituem a base de muitas doenças, como gastrites e as doenças cardiovasculares, além de depressões profundas do sistema nervoso, cujo desfecho pode ser um acidente vascular.

6. Circuito neural do medo

Como já mencionado, é no sistema nervoso central (SNC) que se encontram as estruturas que fundamentam a neurobiologia do medo e seus análogos, como a ansiedade e o estresse.

A amígdala, localizada no lobo temporal, centro de toda experiência emocional de medo, apresenta as subestruturas nervosas assim denominadas:

> ⇨ *Núcleo Basolateral*
>
> ⇨ *Núcleo Central*
>
> ⇨ *Núcleo Córtico Medial*

Esse conjunto de núcleos nervosos também é chamado de complexo amigdaloide.

Nos seres humanos, chegam ao núcleo basolateral muitas inervações vindas das áreas sensoriais: associativas visuais e auditivas dos lobos occipital e temporal, áreas multissensoriais do lobo parietal e do tálamo auditivo e visual. Essa condição demonstra por que a amígdala responde ao universo de estímulos visuais e auditivos causadores de medo.

Entre os núcleos basolateral e o central há comunicação, e desses com o hipotálamo e o bulbo, organizadores das manifestações fisiológicas já descritas; e com a substância cinzenta periquedutal organizadora dos comportamentos característicos do medo.

Medo – fronteira entre o sobreviver e o viver

Em relação ao núcleo córtico medial, os estudos sugerem que as inervações que a ele chegam vindas do bulbo e do córtex olfatório estejam relacionadas aos comportamentos de equilíbrio (homeostasia) e prazer.

Reiterados estudos apontam para a amígdala como sendo o botão do centro nervoso, pronto a disparar ao ser atingido por estímulos causadores de medo.

Experimentos demonstram que os estímulos incondicionados atingem diretamente a amígdala pelas vias sensoriais, tendo a participação do teto do mesencéfalo. Já os estímulos condicionados, de maior complexidade, antes de chegarem à amígdala, são analisados pelo córtex cerebral. Os auditivos, pelo córtex do giro temporal superior e adjacências; os visuais, pelo córtex inferotemporal e áreas associadas do lobo temporal medial. Os de maior complexidade ainda, como o de falar em público, que nos causam a ansiedade, chegam à amígdala, pelo córtex pré-frontal e cingulado.

As diferentes vias nervosas que trazem os estímulos até a amígdala, causando a emoção de medo, representam uma graduação evolutiva, que vai desde os estímulos simples de medo inato, que constitui o conjunto de comportamentos estereotipados de muitos vertebrados, até os de maior complexidade, que nos geram o medo condicionado, com graus variáveis de resposta adaptativa.

Após o recebimento de informações vindas do tálamo e mais complexamente do córtex, a amígdala envia informações ao hipotálamo medial e à substância cinzenta periquedutal, que executaram os ajustes fisiológicos e comportamentais adaptativos de luta e fuga, conforme quadro representativo na página seguinte:

> **Resposta comportamental**
> ⇩
> *alerta, luta, fuga e congelamento*

> **Resposta autonômica**
> ⇩
> *aumento da frequência cardiorrespiratória, midríase, piloereção, etc.*

> **Resposta endócrina**
> ⇩
> *liberação de hormônio adenocorticotrófico, cortisol e adrenalina*

A comunicação entre as estruturas envolvidas na resposta adaptativa da emoção do medo tem a participação de mediadores químicos denominados neurotransmissores.

O circuito neural das respostas emocionais que envolvem as emoções de medo e ansiedade, embora esteja em íntima interação, é independente e envolve diferentes neurotransmissores.

Os estudos mais recentes comprovam que as respostas de medo inato e agressão são mediadas por componentes serotoninérgicos, enquanto, para o medo condicionado, os componentes são opioides.

A agressividade é um comportamento que tem sua origem a partir do medo, e os estudos em modelo animal corroboram que a expressão aumentada da agressividade tem relação com a diminuição do neurotransmissor serotonina, bem como com o aumento do hormônio testosterona.

Esses estudos têm sido reforçados em experimentos com drogas que bloqueiam a síntese e liberação de serotonina, aumentando a agressividade em roedores. Já a castração de animais machos adultos torna-os mais dóceis, enquanto a agressividade é observada ao ministrar doses de testosterona em animais que ainda não atingiram a fase adulta.

7. Desenvolvimento das teorias das emoções e seus componentes anatômicos

O psicólogo William James (1884) e o fisiologista Carl Lange (1887) propuseram que as respostas fisiológicas e comportamentais precediam às emoções, ou seja, nossa tristeza era posterior ao chorarmos. Ou, melhor, ficamos tristes porque choramos, e não choramos porque ficamos tristes.

Desse modo, James e Lange postularam que era a percepção por parte do nosso sistema nervoso, das nossas manifestações fisiológicas, o que provoca o estado emocional correspondente.

Figura 5 – Vias cerebrais da emoção

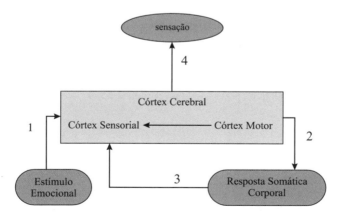

Fonte: redesenhado de William James *apud* LeDoux, 1998.

Nota: um estímulo externo é percebido pelas áreas sensoriais do córtex. Por meio do córtex motor, a fuga é produzida e controlada. As sensações produzidas pela fuga são retransmitidas ao córtex sensorial, onde são percebidas. A percepção das sensações somáticas, associada às reações emocionais, é o que dá a qualidade própria das emoções. 1-4: sequência das informações sensoriais desde a percepção do estímulo até a execução da resposta.

Walter Cannon (1929), Philip Bard (1934), W. R. Hess (1954) e John Flynn (1967) demonstraram que tanto a emoção quanto a sua resposta fisiológica correspondente dependem do SNC, tanto é que desconectaram o hipotálamo do córtex cerebral para justificar ataques de raiva em animais, alegando que as reações emocionais seriam produzidas no hipotálamo e inibidas pelo córtex. Tal proposta constitui-se como parcialmente verdadeira, vez que o hipotálamo era controlado pelo córtex, mas não o tálamo.

Figura 6 – Vias cerebrais da emoção

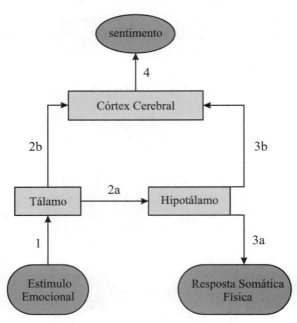

Fonte: redesenhado de Cannon e Bard apud LeDoux, 1998.

Nota: os estímulos externos, processados pelo tálamo, são enviados ao córtex cerebral (via 2b) e ao hipotálamo (via 2a). O hipotálamo, por sua vez, envia mensagens aos músculos e órgãos do corpo (via 3a) e ao córtex (via 3b). A interação das mensagens no córtex para assimilação do estímulo (via 2b) e de seu significado emocional (via 3b) resulta na experiência consciente da emoção (sentimentos). As reações somáticas e emocionais acontecem paralelamente.

Partindo da teoria de Cannon (1929) e Bard (1934), que apontava para as bases neurais das emoções, o anatomista James Papez (1937) propôs a troca da denominação de centros de controle das emoções para circuitos ou sistemas, que mais adiante passou a ser sistema límbico, termo cunhado pelo neurologista francês Paul Broca.

Figura 7 – Circuito de Papez

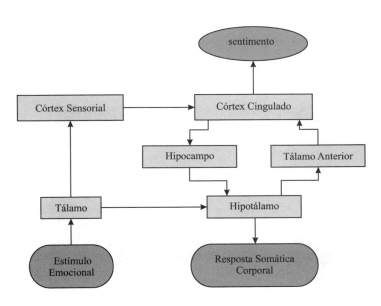

Fonte: redesenhado de LeDoux, 1998.

Nota: Papez propôs uma série de conexões do hipotálamo com o tálamo anterior, córtex cingulado e hipocampo. As experiências emocionais ocorrem quando o córtex cingulado integra sinais do córtex sensorial e do hipotálamo. Mensagens do córtex cingulado para o hipocampo e depois para o hipotálamo permitem que os pensamentos localizados no córtex cerebral controlem as reações emocionais.

O neurologista Paul MacLean (1955) reafirmou a importância do hipotálamo na expressão emocional e do córtex no sentimento derivado dessa emoção.

Ao observar que a estimulação de regiões rinencefálicas, como o córtex cingulado, a amígdala e o hipocampo, produziam reações autonômicas, passou a chamar o rinencéfalo de cérebro visceral. No postulado de MacLean (1955), o cérebro visceral é a ligação entre o neocórtex e o hipotálamo.

O neocórtex é a estrutura cujo papel é controlar as funções cognitivas, enquanto o cérebro visceral controla as emoções e os instintos básicos como defesa, reprodução e obtenção do alimento.

Figura 8 – Neocórtex

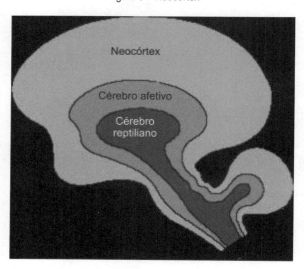

Fonte: http://www.espacocomenius.com.br/cerdrogascinco.htm

Ao retomar e ampliar a teoria de Papez (1937), acrescentando a ela a amígdala, o septo e o córtex pré-frontal, MacLean (1955) descreve o sistema límbico como um circuito de estruturas corticais e subcorticais onde têm início nossas emoções.

Figura 9 – O sistema límbico

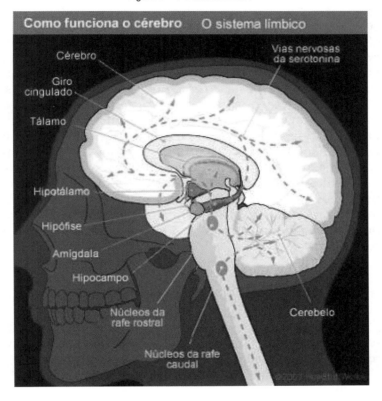

Fonte: http://static.h.hsw.com.br/gif/antidepressant-3.gif

Joseph LeDoux (1998) defende que as emoções são relevantes para a adaptação dos indivíduos. Contudo, postula que se as diferentes emoções estão associadas a diferentes funções de sobrevivência, tais como a defesa territorial e da prole, alimentação e reprodução, cada uma delas provavelmente requer diferentes sistemas cerebrais.

Desse modo, não haveria um único sistema emocional no cérebro, mas vários.

Partindo desse pressuposto, LeDoux (1998) introduz a ideia de circuito e, assim, elabora um abrangente modelo do circuito neural envolvido desde a gênese ao controle da emoção de medo. Esse modelo leva em consideração as estruturas envolvidas desde a percepção do estímulo com potencial perigoso às envolvidas nas reações fisiológicas e comportamentais características desse estado emocional.

LeDoux (1998) postula que os estímulos que sinalizam perigo atingem o tálamo e, desse, a mensagem segue para núcleos laterais da amígdala, que, por sua vez, organiza uma série de respostas fisiológicas e comportamentais, visando à defesa do organismo. As respostas de defesa saem da amígdala pelo núcleo central, dirigidas ao hipotálamo e à matéria cinzenta periquedutal. Ao hipotálamo cabe comandar as reações autonômicas que acompanham as reações de medo, como aumento da pressão arterial, batimentos cardíacos, piloereção etc. E à matéria cinzenta periquedutal cabe a execução das reações comportamentais típicas de defesa, que se estendem desde a imobilidade ou o congelamento até a diversidade de padrões de luta e fuga.

7.1. Primeiro se emocionando, sentindo depois

Segundo o célebre neurologista António Damásio, em seu livro *Em busca de Espinosa* (2004), os sentimentos são os responsáveis por toda a grandeza e a pequenez humana.

Sustenta Damásio (2004) que a compreensão acerca da neurobiologia das emoções e dos sentimentos humanos reforça a indissolubilidade de corpo e mente e contribui para a descoberta terapêutica das causas dos sofrimentos humanos, responsáveis, por exemplo, pela depressão, além de possibilitar a melhor formulação de princípios e leis que engrandeçam os seres humanos e igualmente reduzam os seus sofrimentos.

Nessa obra, Damásio (2004) demonstra que as emoções precedem os sentimentos, e que os animais, desde uma ameba até o ser humano, partilham das emoções em igualdade de condições. Segundo ele, esse dispositivo básico e automático tem por objetivo atender às necessidades vitais do organismo.

Corroborando o postulado por Darwin (1872), Damásio (2004) refere que tais mecanismos inatos foram conservados ao longo do processo evolutivo.

Ainda, segundo Damásio, os sentimentos, diferentemente das emoções, são percepções de um determinado estado do corpo, associado igualmente à percepção de pensamentos com certos temas e pela percepção de um certo modo de pensar, que se traduz por um conjunto de percepções referente ao que lhe deu origem.

Damásio questiona: se os sentimentos fossem agrupamentos de pensamentos relacionados a determinados temas, e sem uma referência corpórea, como seria possível distingui-los de outros pensamentos?

Acredita Damásio (2004) que os sentimentos decorrentes de uma emoção sejam funcionalmente distinguíveis neurologicamente, visto que eles consistem em pensamentos sobre o corpo quando de uma reação emocional.

Se removêssemos essa essência corpórea, a noção de sentimento desaparece, o que nos impediria de dizer: "sinto-me feliz"; e teríamos de dizer: "penso-me feliz". Se assim fosse, seria legítimo perguntar: por que razão os pensamentos são felizes?

A recíproca é verdadeira, pois sem a experiência corpórea daquilo que consideramos "bom" e "positivo" nos conceitos gerais da vida, não teríamos como considerar qualquer pensamento como feliz ou triste.

As bases de sustentação de Damásio (2004) partem da premissa de que as percepções, essência dos pensamentos, são claras, ou seja, o corpo é continuamente mapeado por estruturas cerebrais, passíveis de serem observadas; por exemplo, a estrutura muscular sob tensão é diferente do relaxamento, e o seu mapeamento é correspondentemente diferente; assim também se pode dizer dos órgãos internos como, por exemplo, da fisiologia do coração, entre outros.

8. Da emoção da raiva à agressão

A raiva é o comportamento humano agressivo de ataque, podendo ser ofensiva ou defensiva. Surgida a partir do medo, é também subjetiva e apresenta componentes comportamentais e fisiológicos. Os aspectos comportamentais das emoções de medo e raiva são bem distintos. Embora tenham a mesma origem, o indivíduo com raiva é barulhento, enquanto aquele que está com medo é mais controlado e por vezes chora. Os gestos na raiva são de ataque ofensivo, e no medo são de fuga ou defesa do agressor. As expressões faciais também são nítidas no medo e na raiva. Fisiologicamente há aumento da frequência cardiorrespiratória em ambos. No medo, contudo, podem ocorrer a defecção e a micção, eventos que não se observam na raiva.

Entre os animais, o comportamento agressivo de defesa, exibido pela presa, é a resposta ao medo provocado pelo seu predador. Esse comportamento, com o objetivo de afugentar o predador, é barulhento e estereotipado.

Bem diferente é o comportamento agressivo de ataque do predador, que é silencioso, sorrateiro, preciso e mortal.

Em nós, a exemplo da mordida, esse comportamento agressivo encontra-se latente por conta da nossa razão, que funciona como um mecanismo mediador sociocultural, para atender ao provimento das nossas demandas.

O comportamento agressivo, originado das emoções de medo, reforça a teoria evolucionista darwiniana, que demonstrou a semelhança do comportamento agressivo observado nos animais e no homem, revelando a preservação de mecanismos funcionais neurais comuns.

Medo – fronteira entre o sobreviver e o viver

9. Freud, Melanie Klein, Donald Woods Winicott e Jacques Lacan e as raízes do condicionamento

A base da teoria psicanalítica de Sigmund Freud (1976) alicerçou-se sobre a hipótese:

> *I – O nosso mundo mental adulto é influenciado pelo inconsciente.*
>
> *II – Experiências pregressas, em particular da infância, determinam o comportamento na vida adulta.*

Conforme Freud (1976), os transtornos mentais da vida adulta são resultantes dos conflitos entre o consciente e o inconsciente.

Figura 10 – Sigmund Freud.

Fonte: http://ressentimento.files.wordpress.com/2008/04/freud-dead.jpg

"[...] tudo tem de ser pago de uma maneira ou outra", dizia-nos Freud, referindo-se ao conflito psíquico nascido da luta originada entre a exigência pulsional e a proibição, pela realidade, dessa satisfação pulsional – concluindo que a criança responde ao conflito por duas reações contrárias: "por um lado, com o auxílio de certos mecanismos, rejeita a realidade e recusa-se a aceitação da frustração ante as proibições; pelo outro, no mesmo alento, reconhece o perigo da realidade, assume o medo desse perigo como um sintoma patológico e, subsequentemente, tenta se desfazer desse medo [...].

Sigmund Freud[19]

Conforme Winnicott (1978), cada ser humano traz um potencial inato para o amadurecimento e a integração; dependerá, contudo, de um ambiente facilitador.

---

[19] FREUD, Sigmund. A divisão do ego no processo de defesa – 1938. In: *Edição standard das obras psicológicas completas de Sigmund Freud*. Rio de Janeiro: Imago, 1976. v. XXIII.

Após a adaptação do bebê, esse sinaliza que seu amadurecimento já o torna apto a suportar as falhas maternas. A mãe suficientemente boa deve compreender esse movimento do bebê rumo à dependência relativa e a ele corresponder, permitindo-se as falhas que abrirão espaço ao seu desenvolvimento.

Da relação saudável que ocorre entre mãe e bebê, emergem os fundamentos da constituição da pessoa e do desenvolvimento emocional afetivo da criança.

Inúmeros são os estudos que apontam para a relevância de investimentos nas fases iniciais do nosso desenvolvimento, seja na embriogênese, seja dos zero aos três anos, na relação cuidador-bebê e na educação infantil. Esses momentos constituem a base sobre a qual dar-se-á a aquisição de sentimentos como independência e autonomia, decisivos na formação de valores, valores morais, a nossa personalidade.

Desde o nascimento é importante, para a constituição do *self*, o modo como a mãe coloca o bebê no colo e o carrega, possibilitando assim o amalgamento entre o inato, a realidade psíquica e um esquema corporal pessoal.

O bebê irá transitar de um estado de dependência absoluta para uma dependência relativa até um estado de independência nunca absoluta, pois o indivíduo sadio não se torna isolado, mas relaciona-se com o ambiente e com os demais indivíduos, podendo-se dizer que ambos, nesse caso mãe e bebê, tornam-se saudavelmente interdependentes.

Segundo Melanie Klein (1974), a vida mental é influenciada pelas emoções mais primitivas e a fantasia inconsciente que o bebê recém-nascido experimenta, tanto no processo do nascer como na sua ambientação pós-natal, razões que geram uma ansiedade persecutória.

Assim, sente de forma inconsciente como se todos os seus desconfortos lhe fossem infligidos por forças hostis. Do contrário, se lhe forem proporcionados conforto, carinho, acolhimento e gratificação alimentar, terá emoções mais felizes, tornando possível a primeira relação amorosa da criança com uma pessoa (objeto na linguagem psicanalista).

Desse modo, fica evidenciado que, para o bebê, tudo o que é mau ou bom chega à sua mente provindo da sua mãe. Logo, os impulsos destrutivos e seus análogos, tais como ressentimentos por frustrações, o ódio que desperta, a incapacidade para se reconciliar e a inveja do objeto todo--poderoso, a mãe, de quem depende sua vida e bem-estar, acabam por lhe despertar essa ansiedade persecutória.

Os impulsos destrutivos, que variam de indivíduo para indivíduo, constituem parte integrante da vida mental, mesmo em circunstâncias favoráveis, e, portanto, temos de considerar o desenvolvimento da criança e as atitudes dos adultos como resultantes da interação entre influências internas e externas vivenciadas pelo bebê.

A fantasia infantil é a representação psíquica do instinto, que representa o conteúdo específico das necessidades ou dos sentimentos (desejo, temores, ansiedade, triunfo, amor ou pesar).

O medo da perda do objeto amoroso, no caso a mãe, pode gerar na criança o sentimento de inveja, que não é apenas o desejo de posse pelo objeto, mas também o forte impulso de destruir o prazer e a fonte do prazer que o outro obtém com o objeto de desejo.

Para Lacan (1986), a psicanálise é para situar o Eu como instância de desconhecimento, ilusão-alucinação, sede do narcisismo, referido como o momento do Estágio do Espelho. O Eu é situado no registro do imaginário, juntamente com fenômenos como amor, ódio, agressividade.

Há uma combinação de fatores, preponderantemente os de ordem simbólica, presentes no âmbito familiar no período da primeira infância, que determina a modalidade da constituição psíquica do indivíduo, tratada por Lacan como uma estrutura psicológica.[20] Referida estrutura é o que define a relação que os indivíduos irão estabelecer com a lei, porque, ela mesma, foi definida pela incidência da lei paterna sobre a relação totalizante mãe-filho, lei de ruptura que opera sobre a bolha narcísica na qual o bebê fica situado após o nascimento.

A lei ou função paterna é o que vem a permitir a constituição de um Eu psíquico a partir da situação original do

---

[20] DOR, J. *Introdução à leitura de Lacan*. 3ª ed. Porto Alegre: Artes Médicas, 1992.

bebê, situação em que não há possibilidade, para ele (bebê), de diferenciação entre si e os demais objetos da realidade. Essa condição é a do narcisismo primário, como descreveu Freud em 1914.[21] A lei paterna promove a ruptura dessa situação narcísica, fundando, portanto, as bases do Eu a partir de um corte, de uma restrição à situação de indiferenciação que caracteriza a relação mãe-bebê – internalizando as noções fundamentais de lei, transgressão e culpa.

Os desdobramentos dessa operação podem implicar nas estruturas psíquicas neurótica, psicótica ou perversa.

A **neurótica** é aquela em que o indivíduo reconhece a existência de impedimentos para a satisfação de seus desejos e necessidades, combinado com uma preocupação em não perder o amor dos outros. O neurótico desenvolve uma sensibilidade para encontrar, nos outros, referências para sua própria conduta, tanto no sentido de agir da mesma forma como no de ler os sinais de aceitação ou reprovação. Logo, as leis sociais são muito importantes para o neurótico, pois servem como indicativos de comportamento. A concepção de que há o certo e o errado e de que o errado implica em punição, similar aos pressupostos de um sistema legal, é coerente com a estrutura neurótica. Para o neurótico, até as fantasias de transgressões podem gear sentimentos de culpa.

A **psicótica** é consequência da não incidência da lei paterna. O corte do narcisismo primário não ocorreu, resultando numa constituição precária do Eu, para o qual a diferenciação entre aquilo que é seu e o que é dos outros fica sujeita a confusões. Logo, para o psicótico, o não entendimento das regras de conduta social, assim como das leis da sociedade, não é claro.

A estrutura **perversa** é definida pelo reconhecimento da lei paterna, suficiente para constituição do Eu, mas insuficiente para a efetivação da castração simbólica. Para o perverso, a lei existe – e a relação da sociedade e das demais pessoas com a lei é totalmente por ele compreendida – mas, ainda que existente, não é impedimento para a satisfação

---

[21] FREUD, S. Sobre o narcisismo: uma introdução. In: *Edição* standard *brasileira das obras psicológicascompletas de Sigmund Freud*. Rio de Janeiro: Imago, 1974, p. 83-119, v. XIV.

de seus desejos e necessidades. Nesse cenário, o perverso identifica muito bem a insegurança do neurótico quanto a sua necessidade de ser amado e assim é capaz de, em benefício de seus próprios interesses, mesmo que isso provoque sofrimento e prejuízo ao outro – situação que não lhe provocará remorsos.

Logo, conforme Lacan, estamos, desse modo, predestinados a sermos neuróticos, psicóticos ou perversos, e, assim estabelecer uma determinada relação com as leis em decorrência da operação psíquica de constituição do Eu, efetuada na infância.

Cabe considerar que leis, nesses termos, não são necessariamente aquelas que integram os códigos escritos. Há similaridade com essas leis, com as quais cada sujeito se relaciona conforme sua constituição psíquica, mas são, antes de mais nada, aquelas que se estabelecem como regulamentos da convivência, como fundamentos da vida coletiva, como pacto social. A exemplo de não atrapalhar com sua conversa os outros ouvintes de uma palestra; não pegar para si um objeto perdido, guardando-o até que seu dono volte para apanhá-lo; não abrir embalagens no interior do supermercado; não largar o carro estacionado na bomba de combustível.

Não obstante se trate de uma operação psíquica, é fundamental, para compreender a extensão de sua relação com o social, que a dimensão psicológica não seja entendida como indiferente à dimensão cultural. Os movimentos da sociedade – e suas repercussões nas famílias e nos indivíduos – são fatores integrantes desta operação.

Nesse sentido, identifica o quanto os sintomas dos indivíduos estão relacionados com o modo como a sociedade se organiza, inclusive o modo como concebe o crime e se relaciona com ele.

9.1. A comprovação do condicionamento

O estudo de estímulos condicionados, por pareamento, tem seu marco a partir do fisiologista Ivan Pavlov (1849-1936).

Denominado de condicionamento clássico, relaciona-se com estímulo que evoque uma resposta mensurável e um segundo estímulo que gere essa resposta. O primeiro estímulo, o qual produz a resposta, é denominado estímulo incondicionado, uma vez que não envolve nenhum treino. Nos experimentos de Pavlov (1927), o estímulo incondicionado trata-se de submeter um cão a um estímulo visual com um pedaço de carne, cuja resposta é a salivação. O segundo estímulo, que não gera a mesma resposta, é denominado de estímulo condicionado.

No experimento de Pavlov (1927), o estímulo condicionado era um estímulo sonoro. O treino consiste em apresentar vezes seguidas o som e logo em seguida a carne. Após vezes seguidas dessa apresentação, o resultado é o aprendizado associado do estímulo sonoro com a carne, sendo demonstrado que o animal vai salivar apenas com o som.

O já referido neurobiologista Joseph LeDoux (1998) corroborou os estudos de Pavlov, estudando o comportamento de ratos submetidos a estímulos pareados de descarga elétrica no assoalho de uma gaiola metálica e som inócuo. O rato submetido ao som percebia o estímulo sem esboço emocional. Quando o estímulo do som era precedido de um choque, o animal apresentava o comportamento de sobressalto e tinha reações fisiológicas detectáveis. Após sucessivas aplicações dos estímulos pareados, quando o rato era submetido apenas ao som, como se esperasse a descarga elétrica, apresentava típica resposta de medo condicionado, ficando imóvel, com taquicardia e taquipneia.

LeDoux (1998) comprovou, ainda, que condicionamentos envolvendo medo podiam ser suprimidos através de ressecção cirúrgica das estruturas da amígdala, ao demonstrar a supressão de respostas fisiológicas de taquicardia e aumento de pressão arterial.

O espelho aqui representado revela o quanto o MEDO nos afasta de nós mesmos.

10. Medo: fronteira entre o sobreviver e o viver

Inegavelmente há estímulos capazes de despertar o nosso medo ancestral, o medo inato, imprescindível para a nossa sobrevivência e de todos os outros animais. Altura e barulho intenso são exemplos de estímulos causadores desse medo.

Entretanto, há outros estímulos, muitos dos quais inofensivos, que são causadores de um medo que se denomina condicionado. Lamentavelmente, muitos desses estímulos, que irão balizar o comportamento do indivíduo vida afora, e que nada têm a ver com a nossa sobrevivência, podem ser associados a valores socioculturais estabelecidos pela nossa própria concepção de sociedade, cuja mensuração é estabelecida pelo "poder" e pelo "ter" e não pelo "ser". Esses estímulos causadores desse medo são apresentados em algum momento da vida do indivíduo e relacionados a algo ruim, negativo, perigoso ou doloroso e, pelo seu forte apelo emocional, tendem a ser associados, na memória, com a ideia de voltarem a acontecer.

Esses estímulos geram a emoção de medo e uma ansiedade persecutória, forjando indivíduos embotados e inseguros, e que, por conta disso, acabam não usufruindo o viver. Veremos mais adiante o quanto podemos, ao longo da nossa construção educacional, em particular na infância, ser marcados negativamente por tais estímulos.

Exemplo desse condicionamento de medo, talvez menos traumático, sob o ponto de vista psíquico, é o estímulo do choque elétrico, experimentado por muitos de nós na infância. Considerado uma experiência dolorosa em associação com a emoção de medo, esse comportamento tende a ser evitado e, portanto, não mais se repetir.

Esses medos, criados pelo condicionamento, podem instalar-se de tal modo no inconsciente do indivíduo e lá habitar para sempre, a ponto de impedir que sejam acessados pelo consciente. Podem ser tanto o estímulo causador quanto a situação ameaçadora por ele causada. Nesses casos, o indivíduo, ao apresentar um sofrimento cuja causa desconhece, será objeto de investigação e tratamento por parte do psicólogo.

Aprendido cedo na vida, o medo feminino é continuamente reforçado por instituições sociais como a escola, a Igreja, a lei e a imprensa. Muito também é aprendido com os pais, irmãos, professores e amigos.

M. T. Gordon e S. Riger[22]

Valendo-nos da citação de Gordon e Riger (1991), podemos inferir que a misoginia, o machismo e o ciúme masculino em relação à mulher, em toda história da humanidade, infelizmente autorizados pela sociedade, pela cultura e até, em muitos casos, pela ciência, reside na impotência do homem em gestar. E é a partir daí que emerge o medo da infidelidade feminina, nossa insegurança e incerteza acerca do filho nascido do ventre dela e que seja efetivamente nosso, para o qual empreendemos todos os nossos esforços na sua criação.

Esse medo inato que o homem tem da mulher explica, mas em hipótese alguma justifica, em particular na nossa condição de *sapiens*, toda condição, historicamente de inferiorização, em muitos casos miserável, que impomos às mulheres, com todo tipo de violência e exclusão, algumas silenciosas e veladas, outras nem tanto, que vão desde o apedrejamento, passando pelo cinto de castidade até a burca.

Em seu artigo: "Para que educamos nossas meninas?", Vargas (2009, p. 117) afirma que: a educação e participação social das mulheres no ocidente, visam atender as perspectivas configuradas a partir do que denomina "ordenamento masculino", ou seja, a submissão e subserviência imposta por um modelo de sociedade organizada para e pelos homens.

---

[22] GORDON, M. T.; RIGER, S. *The female fear*: The social cost of rape. Urbana: University of Illinois Press, 1991, p. 47.

Em sua obra *Emilio*, Rousseau postula que a educação das mulheres deveria ter como único objetivo a satisfação dos homens. Aduz Rousseau:

> Toda a educação das mulheres deve ser relativa aos homens. Agradar-lhes, ser-lhes úteis, fazer-se amar e honrar por eles, educá-los quando jovens, cuidar deles quando adultos, aconselhá-los, consolá-los, tornar-lhes a vida agradável e doce, eis os deveres das mulheres em todos os tempos.

Debruçados sobre a história das mulheres autores como Duby e Perrot (1991); Louro (1997) e Priore, (1997),[23] postulam que a doação plena, o amor incondicional, a paciência e a docilidade, relacionados diretamente aos sujeitos femininos, são construtos culturais, emergidos e sedimentados ao longo dos tempos, naturalizando assim o ser mulher. A exemplo disso, as personagens bíblicas, Eva e Maria, inspiram o modelo de conduta para as mulheres. (Priore, 1997).

Nesse cenário, felizmente Rousseau é passado e na educação atual, à nossas meninas, dever-se-ia ofertar condições que lhes possibilite para suas vidas, múltiplos caminhos. Pois as mulheres podem estudar, viajar sozinhas, dirigir carros e empresas. Podem ser médicas, militares, mecânicas, professoras, mães solteiras, amar homens e inclusive mulheres.

Contudo, essa realidade atual somente se tornou possível porque as barreiras do medo foram rompidas, e no embate entre o "ter" e o "ser", o afeto foi norteador dessa mudança de paradigma.

A família, tendo desaparecido suas funções tradicionais, no mundo do "ter", reencontrou-se na afetividade, pouco importando o modelo que adote, inclusive o que se constitui entre um pai ou mãe e seus filhos. Deixando a família de ser concebida estritamente como um núcleo econômico e de reprodução, rumamos para uma dimensão socioafetiva, onde, naturalmente, surgem novas representações sociais, novos arranjos familiares, isto é, as entida-

---

[23] Outros tantos autores estudam também a história das mulheres. Destaco aqui a obra de Lipovestsky (2000) que ao descrever o que seria uma "terceira mulher", acaba por narrar uma perspectiva histórica a respeito da evolução dos papéis sociais das mulheres.

des familiares tornam-se plurais, já que existem em razão do sentimento de afeto dos membros que a constituem.

Mudam as pessoas, mudam os arranjos familiares, mudam os costumes, e como reflexo dessa repersonalização das relações familiares o direito também mudou, e a sua principal alteração legislativa ocorreu com a Constituição Federal de 1988, que consagrou, de forma expressa, os princípios da igualdade da filiação, proibindo qualquer forma de discriminação dos filhos advindos ou não do matrimônio, assegurou o reconhecimento de outras formas de constituição familiar ao lado do casamento, como a união estável e as famílias monoparentais, e igualou os direitos e deveres referentes à sociedade conjugal que passaram a ser exercidos, igualmente, pelo homem e pela mulher.

A família, sob essa perspectiva constitucional, abandona o seu caráter de instituição jurídica e passa a ser compreendida como um instrumento de realização pessoal do ser humano, de promoção da felicidade das pessoas nela envolvidas, deixando de ser um fim para ser o meio.[24]

Nesse novo cenário de repersonalizações o medo estava – e permanece – presente; e se é verdade que a toda mudança entra em cena nossos mecanismos de defesa, também é verdade que essas mudanças rumaram para uma compreensão mais transcendente do ser humano. Rubem Alves (2012) tinha razão ao afirmar que "o medo é parte da nossa própria alma. O que é decisivo é se o medo nos faz rastejar, ou se ele nos faz voar".

Ao longo da vida, além dos nossos medos inatos, também somos permeados pelo medo dos que nos cercam e com um pincel e tinta vamos sendo pintados. "Claro, não é com tinta e pincel que eles nos pintam. O pincel é a fala. A tinta são as palavras" (Rubem Alves).

Entender essa dimensão é compreender a nossa existência, compreender que temos essa capacidade sublime de transcender e atribuir significado ao que vivemos, sentimos e fazemos.

---

[24] FARIAS, Cristiano Chaves de. Redesenhando os Contornos da Dissolução do Casamento (Casar e permanecer casado: eis a questão). In: PEREIRA, Rodrigo da Cunha (coord.). *Afeto, Ética, Família e o novo Código Civil*. Belo Horizonte: Del Rey, 2004, p. 112-113.

Tudo isso, nada mais é, do que a nossa busca constante de dar sentido à vida, e nessa viagem o medo embarcará conosco e será nosso companheiro de jornada, a diferença, a sutil diferença, é a forma como lidaremos com ele.

"Procuro despir-me do que aprendi.
Procuro esquecer-me do modo de lembrar
que me ensinaram,
e raspar a tinta com que me pintaram os sentidos,
Desencaixotar minhas emoções verdadeiras,
Desembrulhar-me e ser eu, não Alberto Caeiro,
mas um animal humano que a natureza produziu.
Mas isso (triste de nós que trazemos a alma vestida!),
Isso exige um estudo profundo,
Uma aprendizagem de desaprender..."

11. Matando por medo do nosso passado e também do nosso presente

A Etologia, também denominada Biologia do Comportamento, é uma área do conhecimento que estuda o comportamento dos animais e igualmente do homem.

Como já referido, no contexto da emoção do medo há situações em que agimos primeiro, pensamos depois. É assim que a amígdala, ao deflagrar a nossa emoção de medo sem uma análise mais refinada, faz-nos responder, em milésimos de segundo, adaptativamente, com comportamento de fuga ou luta.

Seja luta ou fuga, a agressividade também é um comportamento contemplado nesses momentos e se faz presente em qualquer mortal sobre o planeta, conforme veremos.

Conforme já referido, nos animais a agressividade é observada por razões de luta por alimento, defesa da prole, disputa por fêmea e meio para afugentar um predador.

Presente também em nós, essa agressividade recebe, pelo enquadramento cultural, as denominações que vão desde a legítima defesa ao assassinato.

Essa agressividade não é única e exclusivamente atribuída ao circuito nervoso relacionado à emoção de medo, mas à interação com diversas variáveis exógenas e endógenas que constituem a formação do indivíduo.

Sob o ponto de vista endógeno, os estudos comprovam as influências do hormônio testosterona aumentado, bem como a diminuição do neurotransmissor serotonina no comportamento agressivo.

Há milhões de anos, nossos ancestrais hominídeos viviam num verdadeiro ambiente hostil, pois tinham de enfrentar constantemente as intempéries e as mais temíveis feras. Nesse cenário ancestral de muita incerteza de

Medo – fronteira entre o sobreviver e o viver

sobrevivência, no qual se exigiam precaução e vigilância constantes, forjou-se em nosso cérebro o medo inato, que todos os seres humanos partilham hoje entre si e com todos os outros animais.

As longas caminhadas na busca pelo alimento davam-se sempre numa condição de grande apreensão e medo, pois, pela própria observação, sabiam que no encontro com uma fera o resultado poderia implicar morte, uma vez que eram mínimas as suas habilidades técnicas de defesa, agravadas pelo seu pequeno porte físico comparado ao de muitas dessas feras.

A necessidade de sobrevivência levou os homens a manufaturar utensílios de defesa que os tornaram capazes, principalmente em grupo, de fazer frente a essa condição e assim manter-se vivos.

11.1. Os novos sistemas sociais e o desequilíbrio

Passados milhões de anos, os sistemas sociais por nós construídos de lá para cá paradoxalmente criaram outros hostis e desumanos ambientes, que ora põem tudo que é vivo, como é o caso do homem, sob a ameaça de extinção, assim também ameaçando o que não é vivo, como por exemplo a água, imprópria para tudo, dada sua contaminação química e biológica.

Para saciar nossa ganância e o acúmulo de riquezas como *status* e poder, o ambiente tem sido espoliado sem precedentes.

> [...] não há no mundo nada que em sentido absoluto nos pertença.
>
> *José Saramago*[25]

É surreal o contraste entre arranha-céus de luxo e favelas num mesmo quarteirão, expondo e denunciando, além da destruição ambiental, a crescente e irreversível cisão social entre riqueza e pobreza.

---

[25] SARAMAGO, José. *Ensaio sobre a cegueira*. 6.ed. São Paulo: Companhia das Letras, 1995, 312p.

O medo e o mal são irmãos siameses. Não podemos encontrar um deles separado do outro. Ou talvez sejam apenas dois nomes de uma só experiência – um deles se referindo ao que se vê e ouve, o outro ao que se sente. Um apontando para o "lá fora", para o mundo, o outro para o "aqui dentro", para você mesmo. O que tememos é o mal; o que é o mal, nós tememos.

Zygmunt Bauman[26]

Criamos e vivemos à mercê de um capitalismo que de selvagem já vai muito além, pois enseja a indiferença, a xenofobia.

Se não formos capazes de viver inteiramente como pessoas, ao menos façamos tudo para não viver inteiramente como animais.

José Saramago[27]

O consumo caracteriza-se como uma doença compulsiva que aumenta o sulco entre as classes sociais e irreversivelmente põe fim aos recursos da natureza.

O grande segredo da educação consiste em orientar a vaidade para os objetivos certos.

Adam Smith[28]

Há muito, como caçadores-coletores, vivendo com o estritamente necessário, passamos a *homo sapiens*, armazenadores, sem garantias futuras de usufruirmos daquilo que reunimos.

A ideia simples de conservar teria evitado o caos político, econômico, social, cultural e ambiental em que ora estamos imersos. Pelo infeliz aprendizado da perda, tivemos de pensar em sustentabilidade e, como já mencionado, ainda não conseguimos viabilizar sua execução.

Há riqueza bastante no mundo para as necessidades do homem, mas não para a sua ambição.

Mahatma Gandhi[29]

---

[26] BAUMAN, Zygmunt. *Medo líquido*. Rio de Janeiro: Jorge Zahar, 2008, 240p.

[27] SARAMAGO, José. *Ensaio sobre a cegueira*. 6.ed. São Paulo: Companhia das Letras, 1995, 312p.

[28] SMITH, Adam. Disponível em: <http://edypinturaseartes.blogspot.com/2009/05/frases-sobre-educacao.html> Acesso em: 14 jul. 2009.

[29] GANDHI, Mahatma. Disponível em: <http://www.pensador.info/> Acesso em: 14 jul. 2009.

Os mecanismos estratégicos de autoalimentação do capitalismo e do neoliberalismo impedem quaisquer ideias que lhes sejam contrárias. Nesse cenário, até o Estado eximiu-se das suas responsabilidades com a saúde, educação, lazer, entre outros, outorgando tais ações ao capital.

Ter acesso aos direitos fundamentais de cidadão só é possível para quem pode, e quem pode é quem detém o dinheiro.

O *status* e a felicidade são de quem pode comprar e ter, e assim definimos socialmente o valor do ser.

Nossa sociedade tornou-se narcisicamente doente pelo consumo; a etiqueta vale mais do que o conteúdo. Não temos controle e compramos sem necessidade pelo sentimento crônico de carência e insatisfação. O surgimento e a consolidação dos grandes centros de compras, entre eles os *shoppings*, bem representam esse estado.

Vivemos alienados numa cegueira da individualidade em detrimento do coletivo e do humanismo. Emergiu disso o medo do outro, fazendo com que até nossas relações se tornassem virtuais em lugar de pessoais.

> O medo cega [...] já éramos cegos no momento em que cegamos, o medo nos cegou, o medo nos fará continuar cegos [...] Se queres ser cego, sê-lo-ás.
>
> *José Saramago*[30]

> Para que as possibilidades continuem infinitas, nenhuma deve ser capaz de petrificar-se em realidade para sempre. Melhor que permaneçam líquidas e fluidas e tenham "data de validade", caso contrário poderiam excluir as oportunidades remanescentes e abortar o embrião da próxima aventura.
>
> *Zygmunt Bauman*[31]

Com a globalização, o neoliberalismo e o Estado ausente, o capital das empresas move-se de um lado para outro do globo sem qualquer compromisso social com os indivíduos e suas famílias. As demissões e a consequência das suas sequelas sociais (fome, alcoolismo, violência

---

[30] SARAMAGO, José. *Ensaio sobre a cegueira*. 6.ed. São Paulo: Companhia das Letras, 1995, 312p.

[31] BAUMAN, Zygmunt. *Medo líquido*. Rio de Janeiro: Jorge Zahar, 2008, 240p.

e medo) ficam como herança deixada para o Estado, agora impotente.

O discurso que prometeu a diminuição das desigualdades humanas, defendeu a globalização, a pretexto do livre comércio e do desenvolvimento, foi maquiagem que só encobriu a apartação das sociedades e até agora só gerou incerteza, exclusão e mais medo.

Inegavelmente somos herdeiros de uma história evolutiva humana de milhões de anos. Está em nós, amalgamado e em estado latente, para sempre, e pronto para se expressar, o medo ante o estímulo que tire de nós e de nossa prole as possibilidades de viver.

Somos fundamentalmente animais, diferentes em graus, mas não em gênero [...]

Alexander Lowen[32]

11.2. O galho que parece cobra, e a criança pedindo esmola

Charles Darwin demonstrou a persistência conservativa sob os padrões comportamentais, como (no caso) o rosnar, movimento para comunicação que se desenvolveu a partir do padrão motor da mordida, que, usada no passado como forma de agressão, praticamente desapareceu na espécie humana, pelo menos na fase adulta e dependendo das circunstâncias.

Ainda ignorados por muitas áreas profissionais, como no Direito e na Psicologia, os padrões comportamentais são características inequívocas e conservadas na espécie humana tanto quanto qualquer outro padrão morfológico.

Tal fato inquestionavelmente leva-nos a reconhecer e a explicar a transmissão da herança genética também a padrões comportamentais, inclusive de medo e os que dele decorrem, pelo mesmo processo da seleção e da mutação.

A simples existência da emoção de medo denuncia igualmente que há estímulos que geram tal emoção.

---

[32] LOWEN, Alexander. *Medo da vida*. São Paulo: Summus, 1986.

Como já vimos, entre esses medos há aqueles chamados de inatos, que por si sós nos causam essa emoção. Som alto e repentino, estímulos visuais não identificados que surgem subitamente no campo visual superior causam esse medo a todos os animais; a altura e a escuridão causam-nos medo, mas não a todos os animais. Assim compreendemos que nossas reações a esses estímulos também são inevitáveis.

Ao lembrarmos o galho que se assemelha a uma cobra e nossa reação, podemos facilmente entender que, se ao caminharmos por uma rua escura, que por si só já é um agravante de medo, ou estarmos dentro do nosso automóvel à noite e um sujeito subitamente surgir no nosso campo visual, nossa reação não será outra a não ser rechaçar rápida e inconscientemente o estímulo.

O aparecimento súbito do sujeito, que nesse caso era uma criança pedindo esmola, infelizmente, por uma reação biológica ancestral normal de agressão defensiva, pode não terminar bem, e é infelizmente o que acontece, fazendo de todos os envolvidos vítimas inocentes dos medos inato e condicionado.

Em nenhum momento o objetivo é defender ações mais veementes cujo desfecho inegavelmente é violento, mas demonstrar que a agressão é um comportamento nascido do medo e, portanto, também inato, e nesse contexto ela deve ser entendida pelas diferentes áreas que lidam com o comportamento humano.

Por sua vez, a violência fora desse contexto é inconcebível, injustificada e deve ter outra análise.

Se é certo que o hoje um dia será passado, quais os atos humanos serão a base de constituição dos nossos medos inatos no futuro?

12. Nosso sistema nervoso encefálico, onde tudo que se planta, até as sementes imaginárias do medo condicionado, nasce e dá muitos frutos: frutos de gosto mau, amargo

Todas as crianças são vítimas, em maior ou menor grau, dos medos criados por seus cuidadores.

O que podemos esperar desses futuros adultos?

Como resultado da cultura social ou, ainda, pela experimentação de dor direta ou indireta, física ou mental, rechaçamos de um modo ou de outro os estímulos causadores da emoção de medo. O que significa que, pelo condicionamento de medo, cerceamos nossos comportamentos, cujo mal existe apenas nos olhos de quem julga. Papalia e Olds reforçam que o medo inato já se faz presente em nós desde o nascimento. Esses autores assim referem:

> Logo após o nascimento os bebês mostram sinais de desconforto, interesse e aversão. Nos meses seguintes, essas emoções básicas se diferenciam em alegria, zanga, surpresa, tristeza, reserva e medo. A emergência dessas emoções parece ser governada pelo relógio biológico da maturação cerebral. (2000)

Desse modo, podemos compreender que as interações com o mundo, em particular nas fases bebê e criança, vivenciadas e intermediadas por nossos cuidadores e educadores, podem implicar desastrosas consequências no desenvolvimento do indivíduo, com repercussões por toda a sua existência.

Um importante meio para se avaliar o desenvolvimento do indivíduo é o desenho infantil. Ele pode ser usado como um medidor do conhecimento e do autoconhecimento, uma vez que, a partir dele, a criança começa a organizar as informações, processar as experiências vividas e pensadas, revelar seus aprendizados, e até desenvolver um modelo de expressar suas preferências pessoais pelo mundo em que vive.

De um modo geral, é com o desenho que as crianças representam suas vivências mais significativas, que influenciam o seu desenvolvimento social, afetivo e cognitivo. O desenho é, portanto, uma expressão da relação global que se constitui com o todo que cerca essas crianças e através do qual nós podemos reconhecer, entre outros aspectos, suas histórias.

Cada desenho traz em si a história pessoal, a visão de determinados assuntos, revelando como as crianças são capazes de perceber e interpretar seu estado emocional. Tais informações, portanto, são de especial relevância para aqueles envolvidos com a educação, sejam pais ou professores, pois servem como identificação dos diferentes medos que habitam o mundo mental das crianças.

Para Pereira (s.d.),

> O desenho, forma de pensamento, propicia oportunidade de que o mundo interior se confronte com o exterior, a observação do real se depare com a imaginação e o desejo de significar. Assim, memória, imaginação e observação se encontram, passado e futuro convergindo para o registro da ação no presente.

> Como pensamento visual, o desenho é estímulo para exploração do universo imaginário. É, também, instrumento de generalização, de abstração e de classificação.

Corroborada por Grisa (2007), a metodologia do desenho, aplicada a um grupo de crianças, reitera e revela a fidedignidade da técnica ao demonstrar que, por meio dela, as crianças também expressam seus medos.

As representações do mundo mental das crianças, por meio de seus desenhos, ao validarem os estudos científicos sobre esse tema, igualmente comprovam que os medos existentes podem ser considerados de duas naturezas: inatos ou condicionados.

Os medos inatos, presentes no indivíduo desde seu nascimento, herança ancestral e quase que pessoal, são representados pelos desenhos A e B, que revelam as percepções e as construções das imagens mentais do que é observado (Grisa, 2007).

Figura 11 – Representação A – Medo de monstro

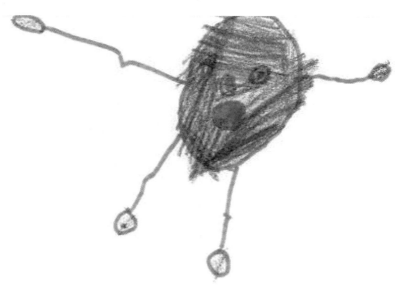

Fonte: <http://guaiba.ulbra.tche.br/pesquisas/2008/artigos/pedagogia/385.pdf.>

Figura 12 – Representação B – Medo de lobisomem

Fonte: <http://guaiba.ulbra.tche.br/pesquisas/2008/artigos/pedagogia/385.pdf.>

Já os medos condicionados, ou seja, aqueles que são externados por determinadas situações impostas ou por pessoas que influenciam em certos momentos, podem ser representados pelos desenhos C e D (GRISA, 2007).

Desse modo, toda criança, através do desenho, individualmente, cria e recria as mais diversas formas de expressão, desenvolvendo sua percepção, sua imaginação, sua reflexão e toda a sua afetividade.

Figura 13 – Representação C – Medo de cobra

Fonte: <http://guaiba.ulbra.tche.br/pesquisas/2008/artigos/pedagogia/385.pdf.>

No desenho C, podemos observar que a criança é protegida pela mãe, que prendeu a cobra em uma gaiola escura.

Figura 14 – Representação D – Medo de ladrão

Fonte: <http://guaiba.ulbra.tche.br/pesquisas/2008/artigos/pedagogia/385.pdf.>

Logo, por meio da metodologia do desenho é possível inferir o quanto o medo, destacadamente o condicionado, é base para a compreensão da formação da personalidade, do temperamento e da carência e do nível de ansiedade de cada criança. Os desenhos são operações concretas, com signos e esquemas que trazem sua visão de mundo.

Essas informações são importantes ferramentas para pais e professores no sentido da prevenção e ajuda da compreensão dos medos que habitam o estado mental e emocional dentro de cada criança, de modo a lhes possibilitar viver digna e plenamente sua infância, inclusive na vida futura.

Os adultos, hoje vítimas de muitos medos condicionados pela cultura, esquecem-se do seu passado como crianças e acabam por repetir com seus filhos, alunos e aqueles com os quais estabelecem relações, atitudes baseadas na cultura do medo, impondo castigos e punições com o intuito de cercear um comportamento pelo simples fato de se sentirem contrariados.

Sob o pretexto de melhor educarmos as crianças, nós nos excedemos e tentamos colocá-los em formas, desrespeitando suas individualidades, potencialidades e genialidades.

O texto acerca da Síndrome de Procusto bem exemplifica o quanto nossas atitudes são permeadas e perpetuadas pelo medo, inclusive o medo de não aceitar que o outro seja feliz de outro jeito que não o nosso.

12.1. Síndrome de Procusto

Na mitologia grega, um gigante chamado Procusto convidava pessoas para passarem a noite em sua cama de ferro. Nessa hospitalidade, no entanto, havia uma armadilha: ele insistia que os visitantes coubessem com perfeição em sua cama. Assim, se eram muito baixos, ele os esticava; se eram altos, cortava suas pernas.

Por mais artificial que isso possa parecer, será que não gastamos um bocado de energia emocional tentando alterar ou "enquadrar" outras pessoas de formas diversas, embora menos drásticas? Não esperamos, com frequência, que os outros vivam segundo os nossos padrões e ideais, ou assumimos a responsabilidade de torná-los felizes, bem ajustados e emocionalmente saudáveis?

A verdade é que grande parte dos atritos que existem nos relacionamentos acontece quando tentamos impor nossa vontade aos outros, buscando administrá-los e controlá-los.

De tempos em tempos, em graus variados, assumimos responsabilidades que não nos pertencem. Tentamos dirigir a vida das outras pessoas com a intenção de influenciar em tudo, desde a dieta até a escolha de roupas, decisões financeiras e profissionais. Tomamos partido e ficamos excessivamente envolvidos. Para poder oferecer conselhos, chegamos até a encontrar ou criar problemas onde eles não existem.

É preciso entender que ninguém muda até que esteja disposto a fazê-lo e pronto para tomar as atitudes necessárias para efetuar a mudança. Por esse motivo, o resultado de nosso "procustianismo" é sempre o mesmo. Estamos destinados a fracassar em nossos esforços para controlar ou modificar alguém, não importa o quanto sejam nobres nossas intenções. Estamos destinados a terminar num turbilhão – frustrados, ressentidos e cheios de autopiedade.

E o que dizer de nossa atitude em relação às pessoas que tentamos orientar? Mostramos falta de respeito por seus direitos como indivíduos, privando-as da oportunidade de aprender através de suas próprias escolhas, decisões e erros. E isso torna o nosso relacionamento em relação àqueles com os quais declaramos nos preocupar profundamente desarmonioso e forçado.

Enquanto vivemos a nossa vida, devemos permitir que os outros vivam a sua. Viva e deixe viver! (Cimino, 2006, p. 12).

Quantos gênios teriam despontado na história, quantos outros morreram, e morrerão, no anonimato por conta de um juízo feito acerca de um comportamento?

Lembro com pesar de uma professora de Artes Plásticas que chamara minha mãe à escola com o intuito de me tolher o uso do lápis de cor.

Medo – fronteira entre o sobreviver e o viver

Quantos indivíduos canhotos com caligrafias belíssimas tiveram sua mão esquerda amarrada à classe, obrigados a escrever com a mão direita, passando a ter uma letra horrível.

Quantos de nós, em particular quando crianças, para sermos cerceados de um comportamento, recebemos um estímulo inibidor (surra, ameaça ou qualquer outra punição), condicionado ao comportamento que se pretendia excluir?

Nosso sistema nervoso, com alta capacidade de memória relacionada a fortes conteúdos emocionais, sejam bons ou maus, é muito sensível ao armazenamento, sobretudo quando mau. Só em testemunhar um forte estímulo emocional (brigas, agressões, acidentes etc.), algo que lhe provoque a emoção de medo, consolida-se aí uma memória associativa, sendo assim nossos medos condicionados.

Assim, o comportamento das crianças fica inibido ao longo de suas vidas por ter sido condicionado à emoção de medo, por conta da memória que se consolida rápida e definitivamente (memória de longa duração).

Embora não haja evidências de que a amígdala tenha papel primário na consolidação de memória, é inegável seu envolvimento com memórias de conteúdo emocional, em particular de medo. Tal informação foi confirmada por um grupo de pesquisadores liderados por Bruce Kapp na Universidade de Vermont, os quais demonstraram, pela técnica de condicionamento clássico, resposta fisiológica de medo, envolvendo circuito neural presente no núcleo central da amígdala. Esses estudos foram ratificados por Michael Davis, da Universidade de Emory.

Os estudos mais recentes demonstram que o medo apreendido em animais de laboratório é o mesmo que ocorre em humanos, como é o caso de pessoas submetidas a estímulos visuais comuns, seguidos em associação com som estridente (condicionamento clássico). As imagens construídas pela ressonância magnética funcional (RMF) revelaram intensa atividade na amígdala, bem como no córtex insular e cingulado, estruturas do SNC ligadas à emoção do medo.

12.2. O homem de 20 dedos, o açougueiro, entre outros

Muitos pais e educadores, infelizmente, têm papel decisivo na criação e consolidação dos medos condicionados.

Precisamos ensinar à próxima geração de crianças, a partir do primeiro dia, que elas são responsáveis por suas vidas. A maior dádiva da espécie humana, e também sua maior desgraça, é que nós temos livre-arbítrio. Podemos fazer nossas escolhas baseadas no amor ou no medo.

Elizabeth Kübler-Ross[33]

É muito provável que você, por experiência própria, conheça alguns exemplos que condicionaram alguns ou muitos medos.

Há, em minha lembrança, um desses casos em que uma criança, hoje adulta, contava que passou muitos dias da sua vida e também muitas noites sob o efeito do medo do homem de vinte dedos, figura que seu pai, em voz impostada, invocava como forma utilizada para lhe cercear as peraltices de sua tenra idade. O menino, obviamente ainda sem o domínio da matemática, tinha em seu imaginário inconsciente ser pego pelo tal abominável homem.

Outra forma de que seu pai se valia para lhe condicionar o medo era o caso do açougueiro de Porto Alegre que matava pessoas e com elas fazia linguiça. O pai lhe falava que esse seria seu destino caso não se comportasse como ele desejava.

O menino, agora um homem, apresenta medo na hora de dormir à noite, fazendo-se necessário que haja sempre uma luz acesa.

Não me causaria estranheza se hoje crianças estiverem tomadas de medo de serem atiradas pela tela de proteção de seus quartos, por conta de pais que desejam, em tom de brincadeira, amedrontar seus filhos com o lamentável caso da menina Isabella Nardoni.

A questão é: como uma criança pode saber os limites entre as diferentes faces da verdade e de uma brincadeira?

---

[33] KÜBLER-ROSS, Elizabeth. *A roda da vida*. São Paulo: Sextante, 2001.

Esses e muitos outros exemplos, de engraçado, nada têm, pois, no caso dessas crianças, tais artifícios, muito discutíveis, podem embotar comportamentos importantes e necessários ao seu pleno desenvolvimento, além de outros, de genialidade, cerceados por todas as suas vidas.

A questão é que, no mundo mental imaginário das crianças, se os estímulos são utilizados para lhes causar medo, algo real (um chinelo) ou imaginário (a bruxa), em suas cabecinhas, assume sempre dimensões inimagináveis, sobre as quais não podemos prever os desfechos.

Tenho como recordação ter assistido pela TV um rapaz que confessava fobia de Bombril, meio que sua mãe usava para que ele não engatinhasse para outro cômodo da casa longe dos seus olhos. A mãe punha o Bombril na soleira que dividia os cômodos, enquanto ameaçava que aquilo o pegaria.

Boi da cara preta, bicho-papão, bruxa, velho do saco são alguns exemplos que bem ilustram medos condicionados que se transformam em ansiedade ou fobia e que, por tolher a expressão e o desenvolvimento (motor e afetivo) do indivíduo, fazem com que muitos de nós não tenhamos pleno aproveitamento das oportunidades maravilhosas que a vida nos oferece.

Assim também se constrói a nossa mediocridade em relação às coisas que fazemos e com quem nos relacionamos; assim se constrói a nossa parcialidade e assim nos tornamos, em vida, apenas sobreviventes.

13. O medo pode tornar-se crônico: ansiedade e estresse

O medo pode tornar-se crônico pela proximidade do estímulo incondicionado que produz (inato) e por estímulo condicionado, que se mantém presente com seus efeitos ou por conta da expectativa do indivíduo de ameaça iminente. Esse é o terreno fértil para florescer a ansiedade e o estresse.

A ansiedade é um estado de apreensão acerca de coisas não obrigatoriamente causadoras de medo, mas da expectativa de um acontecimento, que até pode não ser ruim. Esse estado pode ser experimentado quando nos encaminhamos para uma prova, da qual ainda não temos o resultado, ou pela espera de uma visita que iremos receber em nossa casa.

Já o estresse é o resultado do medo crônico, em que o indivíduo vivencia um estado emocional ante algo identificável. Esse estado emocional pode ser exemplificado pela prática de um esporte com risco de morte. Ou ainda o risco de mau êxito na realização de uma prova.

Considerando que um mesmo estímulo pode ser causador dos estados de ansiedade e estresse, esses estados quase sempre são referidos como sinônimos.

As reações emocionais de ansiedade e estresse têm sua importância num contexto de adaptação à sobrevivência, cujos limites não se podem definir, levando em consideração os medos inatos que herdamos ao sermos concebidos e como marca do nosso processo evolutivo.

Ao excedermos esse limite impreciso, entramos em distúrbio emocional, com severas repercussões orgânicas.

Medo – fronteira entre o sobreviver e o viver

Exemplo dessa situação é a síndrome do pânico, resultado da ansiedade extrema, que se caracteriza pelo medo intenso de algo não identificável e que nos traz a sensação de morte iminente.

A ansiedade e o estresse, consequências do estímulo permanente sob a amígdala, faz com que se ative continuamente o sistema nervoso, o sistema endócrino e o imunológico, levando-nos a muitos distúrbios orgânicos e a muitas doenças.

Estudos comprovam que a ação contínua do cortisol, hormônio que nos adapta ao estresse, tem efeito devastador sobre o sistema imunológico, respiratório e cardiocirculatório, origem de muitos infartos do miocárdio.

Figura 15 – Mecanismo de reação ao estresse.

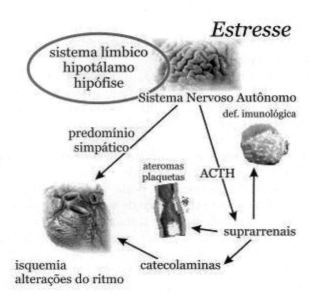

Fonte: http://www.jorgebastosgarcia.com.br/cardio.jpg

Condições emocionais negativas, como a emoção de medo, ao afetarem o sistema nervoso, repercutem também no sistema imunológico. Essa afirmativa foi corroborada, na década de 70, pelo psicólogo Robert Ader (1987) e pelo imunologista Nicholas Cohem, que demonstraram as íntimas relações entre o sistema imunológico e o cérebro.

Volich (2000) e Dantzer (2003) reforçam tal informação da associação entre as emoções negativas e as doenças.

Haynal e Pasini (1993) referem que as doenças são manifestações inconscientes no corpo, como uma solução problemática para os conflitos de cada ser.

Conforme arrolado na tabela acerca dos principais estudos sobre imunologia e transtorno emocional, Mori, Kaname e Sumida[34] demonstram o aumento do cortisol, hormônio do estresse, durante uma estimulação de estresse em gatos, sugerindo que o estresse hipotalâmico é um modelo útil para estudos de distúrbios imunológicos.

Zimermann (1996), Maurat e Figueira (2001) reforçam o papel do medo condicionado ou cultural afirmando que o nível de estresse em uma determinada situação depende de como o indivíduo insere sua participação (perfil, visão etc.) nessa situação.

13.1. Fobia, manifestação intensa do medo

Já o termo fobia constitui-se no medo mórbido de algo identificável, mas que para a maioria das pessoas é inócuo. São exemplos de fobia: objetos, animais, relâmpagos, aglomerações públicas, elevadores, entre tantos outros. Na fobia, igualmente há subjetividade da emoção acompanhada das manifestações comportamentais e fisiológicas do medo.

---

[34] MORI; KANAME; SUMIDA. 1999. Disponível em: <www.psiqweb.med.br> Acesso em: 4 dez. 2008.

14. Esquizofrenia: mente fragmentada e os sintomas de perder-se de si

A esquizofrenia apresenta-se como um dos principais sintomas de incapacidade do uso da razão, com amplo espectro de sintomas, tais como perturbações no pensar, distúrbio de percepção, transtornos de humor e movimento, dificuldade de ajustamento social, comportamento ambivalente, perda de contato com a realidade e isolamento.

Termo cunhado pelo psiquiatra suíço Eugen Bleuler, cujo significado é mente dividida ou fragmentada.

De etiologia ainda incerta, a esquizofrenia é sugerida como o resultado de problemas sociais, biológicos ou ainda metabólicos. Seja como for, tratando-se do organismo, não se pode deixar de considerar como sendo de bases biológicas que podem ter suas atividades metabólicas afetadas por fatores socioambientais.

A esquizofrenia, em conformidade com os seus sintomas, encontra-se dividida em:

- paranoide: preocupações com delírios, cuja organização do indivíduo dá-se em torno de um tema – perseguição, por exemplo;
- desorganizada: afeto embotado, associado ao comportamento desorganizado e discurso desconexo;
- catatônica: distúrbios do movimento voluntários, incluindo imobilidade e o estupor (catatonia), posturas bizarras e sinistras e a repetição de frases ou palavras sem sentido.

Considerando que nosso comportamento emerge da íntima interação do nosso biológico com o meio, particularmente entendo que a forma como os valores e modelos da sociedade estão definidos, ou melhor, indefinidos, seja na verdade um autorretrato da concepção que o ser humano tem de si e consequentemente da sociedade que assim ele organiza. Ou desorganiza?

Ao instituirmos os paradigmas[35] de valores humanos quantitativos, estes obviamente se tornam inatingíveis, e por isso, por mais esforço que empreendamos, não os alcançamos, e, consequentemente, não nos encontramos. Desse modo, justifica-se o comportamento humano individualista, fragmentado, coletivamente desorganizado e frustrado. Isso até pode não ser esquizofrenia, mas se qualitativamente não enxergo minha pessoa nem a pessoa do outro, se busco insana e incessantemente a autossuperação pautada na competitividade, como um cão que corre atrás de seu próprio rabo sem reconhecê-lo, isso é mais que esquizofrênico.

> Se queres ser cego, sê-lo-ás.
>
> *José Saramago*[36]

---

[35] Para Kuhn, paradigma é algo partilhado entre os membros de uma comunidade científica, que reciprocamente é verdadeiro, ou seja, a comunidade científica é formada por homens que partilham um paradigma. Logo, fica evidenciada a essência circular do paradigma e que, como tal, cria problemas de vulto. Os membros da comunidade científica veem-se e são vistos como responsáveis pela busca de objetivos comuns, entre eles o preparo de seus sucessores, fundamental providência para assegurar a continuidade paradigmática. Eis o ponto central da noção de paradigma: sua condição de exemplo compartilhado. Desse modo, os membros de uma cultura, num determinado tempo, acabam enxergando as mesmas coisas quando submetidos aos mesmos estímulos (DISKIN, L. *et al. Ética, valores humanos e transformação*. São Paulo: Peirópolis, 1998. Série Temas Transversais; v.1).

[36] SARAMAGO, José. *Ensaio sobre a cegueira*. 6ª ed. São Paulo: Companhia das Letras, 1995, 312p.

15. Terapêutica do medo, a garantia do que é vivo

A esta altura, já verificamos que ausência total de medo é uma utopia, aliás, o nome apropriado, como já referimos, é Urbach-Wiethe, uma doença. Logo, livrarmo-nos totalmente do medo coloca-nos em sérios riscos de morte, e isso, só de pensar, dá medo.

Como poderíamos pensar nosso existir, por exemplo, sem termos medo de perder quem amamos? A beleza do sentido em relação aos nossos amores não está, em absoluto, na possessividade, mas sim no zelo que devemos ter a todo instante, como se esse fosse o último instante.

O medo inato foi e é uma emoção vital e, assim sendo, igualmente não podemos prescindir dele, pois foi ele que nos possibilitou reações eficazes de luta ou fuga, assegurando-nos a sobrevivência para chegarmos até aqui.

É inegável que nossos antepassados, por herança, existem em nós, tão íntimos quanto suas memórias.

Desse modo, entendo que grande parte da resolução de qualquer problema esteja no seu reconhecimento como tal. É a partir daí que se dá o seu enfrentamento. Nesse caso, o medo não é diferente, e nesse sentido devemos ser mais atentos e vigilantes em relação às fontes geradoras de medo condicionado, pois elas, ao serem evitadas, funcionam como uma importante estratégia de saúde preventiva.

A Psicologia Cognitiva Comportamental, por meio da técnica de contracondicionamento, embora não nos extirpe o medo, constitui importante ferramenta que possibilita o tratamento, ao fazer com que o estímulo (objeto ou situação) gerador desse medo passe a ser enfrentado e dominado.

Em meu entendimento, a técnica de contracondicionamento parece o melhor instrumento para lidar com a questão. Em primeiro lugar, seu foco é a causa e não a consequência e, em segundo lugar, por se tratar de uma técnica de mobilização do nosso SNC sem invadi-lo, resguarda a integridade dessa majestosa estrutura que, além do controle de funções específicas, como a fala e audição, dá-nos consciência acerca de quem somos, ou seja, o que faz de mim quem eu sou e de você quem você é, a nossa personalidade, atributo desse todo chamado mente.

A técnica de contracondicionamento, também referida como dessensibilização sistemática, consiste no princípio de produzir relaxamento ante um estímulo causador de medo e ansiedade, toda vez que este se apresentar.

Os passos dessa técnica:

a) elencar uma escala hierárquica de eventos relacionados a um medo específico, na ordem do evento menos aversivo (por exemplo, falar sobre o objeto temido) para o mais aversivo (por exemplo, o contato direto com o objeto temido);

b) realizar um treinamento de relaxamento, sendo uma das formas mais comuns o relaxamento progressivo de Jacobson (1938). Deve-se permanecer nesse passo até que a resposta de relaxamento seja alcançada;

c) estando o indivíduo relaxado, pede-se que pense no primeiro item da hierarquia (o terapeuta pode descrever alguma situação relacionada a ele), o indivíduo sinaliza (levantando o polegar, por exemplo) quando respostas de ansiedade forem eliciadas. O terapeuta pede que imagine algo que o tranquilize, refazendo os passos do relaxamento. Novamente o terapeuta pede que imagine o evento anterior, reiniciando o ciclo. Quando esse item da hierarquia não mais produzir respostas de medo/ansiedade, pode-se passar para o próximo item. Alguns itens podem demorar mais de uma sessão, outros podem ser feitos em uma mesma sessão, mas é importante prosseguir para o próximo item apenas quando o anterior não mais eliciar respostas de medo/ansiedade. O procedimento terá chegado ao fim quando o último item da hierarquia não mais produzir respostas de ansiedade/medo.

d) aos poucos e sempre com a aceitação do indivíduo, fazer com que ele entre em contato direto com o estímulo causador de medo/ansiedade. Espera-se que a resposta de relaxamento seja generalizada para a situação real.

Por muito do que vimos até aqui e referindo mais uma vez Damásio, que aponta as emoções como responsáveis por toda a nossa grandeza e pequenez, defendo que o ideal estratégico para lidar preventivamente com a emoção de medo deve ser por meio da promoção da saúde mental. Essa, promovida e posta em uso desde tenras idades, conforme evidenciam em seus estudos Freud, Winicott, Pinker, Lacan, Madeleine Klein e tantos outros, deveria ser inserida, como disciplina obrigatória, em todos os diferentes níveis de formação do indivíduo, desde o ensino fundamental até as pós-graduações. Tal estratégia não só teria efeito direto sobre a formação de valores humanos, mas sobre os valores de formação das famílias e de toda a sociedade.

Nesse papel, é imprescindível que o Estado, a escola, a família, a Igreja e as leis chamem para si a responsabilidade que assegure a possibilidade dos meios para o exercício pleno desses valores, cujo fim seja o amor.

> Precisamos ensinar à próxima geração de crianças, a partir do primeiro dia, que elas são responsáveis por suas vidas. A maior dádiva da espécie humana, e também sua maior desgraça, é que nós temos livre-arbítrio. Podemos fazer nossas escolhas baseadas no amor ou no medo.
>
> *Elizabeth Kübler-Ross*[37]

> O grande segredo da educação consiste em orientar a vaidade para os objetivos certos.
>
> *Adam Smith*[38]

---

[37] KÜBLER-ROSS, Elizabeth. *A roda da vida*. São Paulo: Sextante, 2001.

[38] SMITH, Adam. Disponível em: <http://edypinturaseartes.blogspot.com/2009/05/frases-sobre-educacao.html> Acesso em: 14 jul. 2009.

16. Transcender ao encontro da vida

Quais serão os medos inatos dos seres humanos, transmitidos pelo processo da teoria darwiniana da seleção e mutação, após mais três milhões de anos, ou seja, daqui a seis milhões de anos?

Ainda conservaremos os medos de altura, escuridão, cobras, aranhas, bactérias que nos causam doenças ou esses se perderão?

Nossos medos inatos, no futuro, serão de revólver, sequestro, assalto, gravata e paletó, lembranças daqueles que nos causaram experiências dolorosas? Serão das drogas, inclusive o álcool, gerador de violência, destruição de muitas famílias e de muitos sonhos, inclusive do amor? Serão do "dinheiro", não mais contaminado, mas que, ao ser tirado de muitos em detrimento de poucos, ou ter sido perdido por esses poucos, que são muitos, arruinou muitas vidas?

Sejam quais forem os medos inatos do futuro, não podemos deixar de reconhecer que serão frutos dos medos condicionados do presente, forjados pelos nossos modelos socioculturais e em muitos casos em nome de deuses, que são longa e repetidamente sedimentados no nosso sistema nervoso.

Sem deixar de considerar que, de certo modo, ainda hoje estejamos suscetíveis aos fenômenos naturais, diga-se de passagem, produzidos em grande parte pelas ações humanas de espoliação ao ambiente, e não mais pelas feras, as grandes ameaças e perigos que ora nos assombram emanam do próprio sistema social, do qual somos criadores.

A inviabilidade da espécie humana e provavelmente de muitas outras espécies já tem sido anunciada com maior frequência pela natureza em seus eventos catastróficos. A natureza nada mais é que a porta-voz das ações humanas.

O cerne da questão é: qual o tipo de estímulo, com potencial de condicionamento, queremos reforçar hoje? O de altruísmo ou de egoísmo, o de dor ou de prazer, o de humanismo ou de autoritarismo?

Seja como for, o resultado, inevitavelmente, será menos ou mais dor, menos ou mais medo, menos ou mais violência, mais vida ou menos vida.

A vida e os seus fatos são apenas uma sucessão de contingências, muito além do maniqueísmo social do bem e do mal.

Não temos o que não há: O tempo! Como água, ele escoa por entre os dedos, ainda que o queiramos segurá-lo nas mãos! Carpe Diem! Viva-o bem vivido! Ainda que breve, colha-o e o saboreie como fruto maduro e doce.

O futuro! Crê-lo impõem-nos a certeza de tê-lo e assim esperá-lo e assim postergar a VIDA. Não crê-lo, impõem-nos o desespero e angústia de não tê-lo e de nele não estarmos.

Qualquer pensamento, palavra dita, conceito e ideia pensada, já estão ultrapassados, mortos! Sinta, sinta-se, emocione-se e emocione! O sentimento é como a razão que mata a emoção e a palavra seu túmulo que o imortaliza e impede o novo, pois "existem momentos na vida da gente, em que as palavras perdem o sentido ou parecem inúteis, e, por mais que a gente pense numa forma de empregá-las elas parecem não servir. Então a gente não diz, apenas sente (Freud)".

Nosso único e eficaz mecanismo capaz de nos abrigar e proteger, já, agora, são as declarações de e por amor: EU TE AMO E PERDÃO!

Valores humanos tais como altruísmo, solidariedade, alteridade, verdade, gentileza, honestidade, equidade, entre tantos outros, ao serem condicionados no presente, são passíveis de se tornar inatos no futuro e assim constituir mentes humanas melhores.

Se não podemos pensar em um mundo com ausência absoluta de medo, por conta das maldades humanas, creio muitas nascidas desses próprios medos, podemos sonhar e praticar o amor pelo amor, o amor pelo outro, o amor por nós, única emoção capaz de nos redimir, nos fazer crescer e nos fazer atingir a maturidade necessária para garantir um futuro em que floresça e frutifique tudo que é vivo.

O amor que nos mova a atravessar o tempo e que nos traga o que desejamos, aplacando o que o desejo dos outros, muitas vezes, fez-nos afastar de nós; o amor que nos reconcilie com a nossa criança que o ser adulto fez sucumbir; o amor que nos reconcilie com o sentir; o amor que nos faça reabitarmos a morada do nosso coração, onde se encontra a razão.

Se chorei ou se sorri, o importante é que emoções eu vivi.

Roberto e Erasmo Carlos[39]

A pomba que, por medo do gavião, se recusasse a sair do ninho já se teria perdido no próprio ato de fugir do gavião. Porque o medo lhe teria roubado aquilo que de mais precioso existe num pássaro: o voo. Quem, por medo do terrível, prefere o caminho prudente de fugir do risco já nesse ato estará morto. Porque o medo lhe terá roubado aquilo que de mais precioso existe na vida humana: a capacidade de se arriscar para viver o que se ama.

Rubem Alves

---

[39] Trecho da letra da música *Emoções*, escrita por Roberto e Erasmo Carlos.

Referências

ADER, R.; COHEN, N.; FELTEN, D.L. Editorial: Brain, Behavior and Immunity. *Brain, Behavior and Immunity*, 1987, v.1, p.1-6.

———. Psychoneuroimmunology: Interaction between the nervous system and the immune system. *The Lancet*, 1995, v.345, p.99-103.

ADOLPHS, R. Neural Systems for recognizing emotion. *Current Opinion in Neurobiology*, 2002, p.169-177.

ALVES, Rubem. *Sete vezes Rubem*. São Paulo: Editora Papirus, 2012.

BARD, P. On emotion expression after decortication with some remarks on certain theoretical views. *Psychological Review*: Washington, 41, 1934, 390-329p.

BARROS, E. M. R. O inconsciente e a constituição de significados na vida mental. *Psicologia USP*, São Paulo, 1999, v.10, n.1.

BAUMAN, Z. *Globalização*: as consequências humanas. Rio de Janeiro: Zahar, 1999.

———. *Medo líquido*. Rio de Janeiro: Zahar, 2006.

BEAR, M. F.; CONNORS, B. W.; PARADISO, M. A. *Neurociências, desvendando o sistema nervoso*. 2.ed. Porto Alegre: Artmed, 2002.

BLEICHMAR, N. M.; BLEICHMAR, C. L. *A psicanálise depois de Freud*: teoria e clínica. Porto Alegre: Artes Médicas, 1992.

BLEICHMAR, H. *Introdução ao estudo das perversões*. Porto Alegre: Artes Médicas, 1988.

BRANDÃO, M. L. *Comportamento emocional*. Rio de Janeiro: Atheneu, 2000.

CABALLO, V. E. *Manual de técnicas de terapia e modificação do comportamento*. São Paulo: Santos, 1999.

CÂMARA, Hélder. *O deserto é fértil*. 11.ed. Rio de Janeiro: Civilização Brasileira, 1981.

CANNON, W. B. The James-Lange theory of emotion. *American Journal of Psychology*, 39, 1927, 106-124p.

CIMINO, Valdir. *A foto da história felicidade*. São Paulo: Edições Viva e Deixe Viver, 2006. p.12.

DAGLEISH, T. The emotional brain. *Nature Reviews*, 2004, v.5, p.582-589.

DAMÁSIO, A. *O erro de Descartes*: emoção, razão e o cérebro humano. São Paulo: Companhia das Letras, 1996.

———. *Em busca de Espinosa*: prazer e dor na ciência dos sentimentos. São Paulo: Companhia das Letras, 2004.

DANTZER, R. *Cytokines and sickness behavior*. Boston: Kluwer Academic Publisher, 2003, v.1.

DARWIN, C. *A expressão das emoções no homem e nos animais*. São Paulo: Companhia das Letras, 2000.

Medo – fronteira entre o sobreviver e o viver

DARWIN [imagem]. Disponível em: <http://seminario.wordpress. com/2009/04/01/charles-darwin-adam-smith-e-lord-kelvin-tons-de-uma-era/> Acesso em: 20 jan. 2009.

DISKIN, L. et al. *Ética, valores humanos e transformação*. São Paulo: Peirópolis, 1998. Série Temas Transversais, v.1.

DOLAN, R. J. Emotion, cognition and behavior. *Science*, 2002, v.298, p.1191-1194.

DOR, J. *Introdução à leitura de Lacan*. 3ª ed. Porto Alegre: Artes Médicas, 1992.

DUBY, Georges e PERROT, Michelle. *História das Mulheres no Ocidente*. Porto: Edições Afrontamento, 1991.

ESQUEMA do cérebro humano [imagem]. Disponível em: <http://colegiosao-francisco.com.br/alfa/corpo-humano-sistemanervoso/imagens/divisao-do-sistema-nervoso-14.jpg> Acesso em: 20 jan. 2009.

ESTRESSE [imagem]. Disponível em: <http://www.jorgebastosgarcia.com.br/ cardio.jpg> Acesso em: 20 jan. 2009.

FABRIS, Eli Henn. Hollywood e a produção de sentidos sobre o estudante. In: COSTA, Marisa Vorraber (org). Estudos Culturais em Educação: *mídia , arquitetura, brinquedo , biologia, literatura, cinema*. Porto Alegre: Ed. Universidade/UFRGS, 2000.

FARIAS, Cristiano Chaves de. Redesenhando os Contornos da Dissolução do Casamento (Casar e permanecer casado: eis a questão). In: PEREIRA, Rodrigo da Cunha (coord.). *Afeto, Ética, Família e o novo Código Civil*. Belo Horizonte: Del Rey, 2004, p. 112-113.

FIALHO, Francisco Antônio Pereira. *Introdução ao estudo da consciência*. Curitiba: Gênesis, 1998.

FLYNN, J.P. The neural basis of aggression in cats. In: GLASS, D. C. *Neurophysiology and emotion*. New York: Rockefeller University Press, 1967.

FREUD, Sigmund. A divisão do ego no processo de defesa – 1938. In: ——. *Edição* standard *das obras psicológicas completas de Sigmund Freud*. Rio de Janeiro: Imago, 1976. v.XXIII.

——. Sobre o narcisismo: Uma introdução. In *Edição* standard *brasileira das obras* psicológicascompletas de Sigmund Freud. Rio de Janeiro: Imago, 1974, p. 83-119, v. XIV.

GORDON, M. T.; RIGER, S. *The female fear*: The social cost of rape. Urbana: University of Illinois Press, 1991.

GRISA, Aline. *Tenho medo de quê?*: aguçando o olhar do(a) professor(a) da educação infantil. Disponível em: <http://guaiba.ulbra.tche.br/pesquisas/2008/ artigos/pedagogia/385.pdf.> Acesso em 27/11/2009.

HAYNAL, A.; PASINI, W. *Manual de medicina psicossomática*. São Paulo: Masson, 1993.

HENNERBERG, A. E.; KASCCHAKA, W. P. *Immunological alterations in psychiatric diseases*. Basel: Karger, 1995.

HESS, W.R. *Diencephalon*: autonomic and extrapyramidal functions. New York: Grune and Stratton, 1954.

JACOBSON, E. *Progressive relaxation*. Chicago: University of Chicago Press, 1938.

JAMES, W. What's an emotion? *Mind*, 1884, v.9, p.188-205.

JUNG, C. G. *Memórias, sonhos e reflexões*. Rio de Janeiro: Nova Fronteira, 2002.

KLEIN, M. *Estadios temprano de complejo de Édipo*. Obras Completas. Buenos Aires: Paidós, 1974.

KLUVER, H.; BUCY, P. C. Psychic Blindness and Other Symptoms Following Bilateral Temporal Lobectomy in Rhesus Monkeys. *American Journal of Physiology*, 1937, v.119, p.352-353.

KOOGAN, A; HOUAISS, A. *Enciclopédia e dicionário ilustrado*. Rio de Janeiro: Delta, 1995.

LACAN, J. *O seminário*. Livro 11: os quatro conceitos fundamentais da psicanálise. Rio de Janeiro: Jorge Zahar, 1986.

LANGE, C.G. *Uber gemuthsbewegungen*. Leipizig: T. Thomaz, 1887.

LEDOUX, J. E. *O cérebro emocional*: os misteriosos alicerces da vida emocional. São Paulo: Objetiva, 1998.

———. Emotion, memory and the brain. *Scientific American*, 1994, v.270, n.6, p.50-57.

LIPOVETSKY, Gilles. *A terceira mulher*. Permanência e revolução do Feminino. São Paulo: Companhia das Letras, 2000.

LOURO, Guacira Lopes. *Gênero, sexualidade e educação*: Uma perspectiva pós-estruturalista. Petrópolis: Vozes, 1997.

LOWEN, A. *Medo da vida*. São Paulo: Summus, 1986.

MAURAT, A. M.; FIGUEIRA, I. Tratamento farmacológico do transtorno de estresse pós-traumático. *Rev. Psiq. Clín.*, 2001, v.28, n.4, p.191-6.

MACLEAN, P. D. The limbic system (visceral brain) and emotional behavior. *Archives of Neurology and Psychiatry*, 73, 1955, p.130-134.

MCGAUGH, J. L. The amygdala modulates the consolidation of memories of emotionally arousing experiences. *Annual Review of Neuroscience*, 2004, v.27, p.1-28.

MIRA y LÓPEZ, Emílio. *Quatro Gigantes da Alma*. 10ª ed. Rio de Janeiro: José Olympio, s/d.

MORI; KANAME; SUMIDA. 1999. Disponível em: <www.psiqweb.med.br> Acesso em: 4 dez. 2008.

NEOCÓRTEX [imagem]. Disponível em: <http://www.espacocomenius.com.br/cerdrogascinco.htm> Acesso em: 20 jan. 2009.

PAPALIA, Diane E.; OLDS, Sally Wendkos. *Desenvolvimento humano*. 7.ed. Porto Alegre: Artmed, 2000.

PAPEZ, J.W. A proposed mechanism of emotion. *Archives of Neurology and Psychiatry*, 38, 1937, 725-743p.

PARE, D.; QUIRK, G. L.; LE DOUX, J. E. New vistas on amygdala networks in conditioned fear. *Journal of Neurophysiology*, 2004, v.92, p.1-9.

PAVLOV, I. P. *Conditioned reflexes*: An investigation of the physiological activity of the cerebral cortex. London: Oxford University Press, 1927.

PEREIRA, Laïs de Toledo Krücken. *O desenho infantil e a construção da significação*: um estudo de caso. Disponível em: <http://209.85.215.104/search?q=cache:X1K_0g6nRKUJ:portal.unesco.org/culture/en/files/29712/11376608891lais-krucken-pereira.pdf/lais-krucken-pereira.pdf+qual+%C3%A9+o+papel+do+desenho+infantil+no+desenvolvimento+humano&hl=pt-BR&ct=clnk&cd=2&gl=br&lr=lang_pt.> Acesso em: 11/06/2008.

PERROT, Michele. *Minha história das mulheres*. São Paulo: Contexto, 2007.

PESSOA, L.; UNGERLEIDER, L. G. Neuroimaging studies of attention and the processing of emotion-laden stimuli. *Progress in Brain Research*, 2005, v.14, p.171-182.

PINKER, S. *Tabula rasa*. São Paulo: Companhia das Letras, 2002.

PRIORE, Mary. *História das Mulheres no Brasil*. São Paulo: Contexto, 1997.

Medo – fronteira entre o sobreviver e o viver

REAÇÃO de luta ou fuga [imagem]. Disponível em: <http://scienceblogs.com. br/eccemedicus/2008/12/evolucao-e-a-reacao-de-estresse.php> Acesso em: 20 jan. 2009.

ROUSSEAU, Jean-Jacques. Emilio ou Da educação. São Paulo: Martins Fontes, 1995.

SIGMUND Freud [imagem]. Disponível em: <http://ressentimento.files.word-press.com/2008/04/freud-dead.jpg> Acesso em: 20 jan. 2009.

SILVA, Ana Beatriz B. *Mentes com medo, da compreensão à superação*. São Paulo: Integrare, 2006.

SILVERTHORN, D. U. *Fisiologia humana*: uma abordagem integrada. São Paulo: Manole, 2003.

SISTEMA límbico [imagem]. Disponível em: <http://static.h.hsw.com.br/gif/antidepressant-3.gif> Acesso em: 20 jan. 2009.

STEINBERG, Shirley; KINCHELOE, Joe. *Cultura Infantil*: a construção corporativa da infância. Rio de Janeiro: Civilização Brasileira, 2001.

VARGAS, Juliana Ribeiro de. Para que educamos nossas meninas? In: Costa, Marisa Vorraber (Org.). *A educação na cultura da mídia e do consumo*. Rio de Janeiro: Lamparina, 2009, p. 117-120.

VOLICH, R. M. *Psicossomática*. São Paulo: Casa do Psicólogo, 2000.

WINNICOTT, D. W. *Da pediatria à psicanálise*. Tradução de Jane Russo. Rio de Janeiro: Francisco Alves, 1978.

WINSTON, R. *Instintos humanos*. São Paulo: Globo, 2006.

ZIMERMANN, D. Desenvolvimento atuais da teoria psicanalítica: contribuições da Escola Francesa de Psicanálise. *Revista de Psiquiatria do Rio Grande do Sul*, 1996, v.18, p.79-82.

Glossário[40]

Ansiedade – ânsia, aflição, angústia. Sensação de receio e de apreensão, sem causa evidente, e a que se agregam fenômenos somáticos como taquicardia, sudorese etc.

Condicionado (medo) – dependente de, ou imposto por condição.

Estresse – conjunto de reações do organismo a agressões de ordem física, psíquica, infecciosa e outras, capazes de perturbar a homeostase; estricção.

Fobia – medo mórbido.

Inato (medo) – que nasce com o indivíduo, tudo aquilo que existe num ser desde seu surgimento e que pertence à sua natureza. Opõe-se a adquirido, aprendido (Dicionário de filosofia. Disponível em: <http://www.ceismael.com.br/filosofia/filosofia013.htm> Acesso em: 26 mar. 2009).

Medo – sentimento de viva inquietação ante a noção de perigo real ou imaginário.

Raiva – ódio, ira, rancor.

Razão – faculdade intelectual de estabelecer relações lógicas. Faculdade que tem o ser humano de avaliar, julgar, ponderar ideias universais, raciocínio, juízo.

Sobreviver – continuar a viver, a ser, a existir.

Vida – conjunto dos fenômenos de toda a espécie (particularmente de nutrição e de reprodução), que, para os seres que têm um grau elevado de organização, estende-se do nascimento (ou produção do germe) até a morte (*Dicionário de filosofia*. Disponível em: <http://www.ceismael.com.br/filosofia/filosofia013.htm> Acesso em: 26 mar. 2009).

Viver – ter vida, estar com vida, existir.

---

[40]As definições, com exceção daquelas creditadas no próprio verbete, são de FERREIRA, Aurélio Buarque de Holanda. *Novo Aurélio século XXI*: o dicionário da língua portuguesa. 3.ed. Rio de Janeiro: Nova Fronteira, 1999.

Anexos

DIREITOS HUMANOS: A JUSTA ESPADA PARA APLACAR O MEDO QUE EMERGE DO PARADIGMA EDUCACIONAL, RAIZ DA VIOLÊNCIA SOCIAL

Italo Abrantes Sampaio

Resumo

A vida é o bem fundamental do ser humano, pois sem a vida não há que se falar em outros direitos, nem mesmo os de personalidade. Com base nesse entendimento, todo o homem tem direito à vida, ou seja, o direito de viver e não apenas isso, tem o direito de uma vida plena e digna, respeito aos seus valores e necessidades. Logo, a compreensão dos fenômenos biopsicossociais que põem em riscos a vida humana, e nesse caso a violência, seja ela velada ou revelada, se faz mister para tomada de medidas, por parte da sociedade civil e do governo. Tais medidas se alicerçam na indissociabilidade dos direitos humanos, numa visão individual e coletiva, abrangendo direitos civis, políticos, socioeconômicos e destacadamente os educacionais. Nesse sentido, o estudo do meio onde se desenvolve a vida humana, desde a sua concepção, passando pela infância e pela educação conferida por parte de cuidadores e professores, tem sido decisivo para entender os aspectos que, a exemplo da violência, ameaçam a consolidação da sua dignidade e plenitude. O fenômeno da violência social é antes de mais nada um fenômeno institucionalmente nascido e solidamente reforçado desde as tenras fases na constituição e construção do individuo, sob uma prática educacional de apartação social, cujas bases apoiam-se no paradigma do medo, raiz dessa violência e, por isso, longe do amparo dos diretos humanos. Apesar da relevância da educação, seja a formal ou a informal, e em particular a fundamental, carece a mesma de particular zelo por parte dos sistemas judiciário e educacional para que, em amálgama, sejam guardiões e fazedores do cumprimento eficaz da dignidade e da plenitude da vida humana, ao assegurarem uma educação de inclusão e de oportunidades. Pois não há como se pensar em justiça sem educação e em educação sem justiça. E o pensar e o agir sob a luz da justiça é fazer operar os mecanismos que viabilizem uma sociedade menos violenta. A consolidação dos direitos humanos é o caminho pelo qual, em particular, ainda indefesos, os pequeninos aprendizes filhos da pátria, poderão usufruir da plena dignidade da pessoa humana.

Introdução

No cenário de múltiplos fatores biopsicossociais no qual se processa o desenvolvimento da vida humana, destacadamente sua personalidade, somos tomados por inquietantes e profundas reflexões, tendo em vista os resultados comportamentais com os quais nos deparamos, ora de grandeza ora de pequenez, manifestados pelo homem (DAMASIO, 2004). Exemplos dessa pequenez do comportamento humano são a delinquência e a violência social.

Mundialmente, o comportamento delinquente e violento protagonizado na sociedade por nossos adolescentes, não obstante também estarem fundamentados sob as bases da herança genética, tem marcas pregressas e inequívocas da influência do meio em que se desenvolveram, ou seja, durante a embriogênese e a primeira infância, particularmente na fase do seus dois anos de idade, conforme atestam diversos autores (Raine *et al.*, 2003, Raine; Sanmartin, 2001; Raine, 2002; Thornberry, 1997; McCord, Widom, Crowell, 2001).[1]

Corroborando tais afirmações, o médico e psicanalista português João dos Santos (1988) aduz:

---

[1] No mesmo sentido, é o entendimento de Michael Potega – Universidade de Minnesota, E.U; Jan Van Hooffm, Universidade d'Utrech, Paises Baixos; Peter K.Smith Universidade de Londres; John Archer, Universidade Central Lancashire Royaume; Mario Beauregard, Universidade de Montreal, Canada; Richard E. Tremblay, Universidade Montreal; Michael Lewis, Robert Wood Johnson Medical School, E.U.; Tomas Paus, Universidade McGill, Canada; James J Heckman, Universidade de Chicago, E.U.; Adrian Raine, Universidade do Sul da California, E.U.; Terence P. Thornberry, Universidade a Albany Suny, E.U.; Joan McCord, Temple Universidade E.U.; Kate Keeman, Universidade de Chicago, E.U.; Sergio M. Pellis, Universidade de Lethbridge, Canada; Stephen Suomi, National Institute Of Child Health e Human Developement, E.U. (POTEGA, 2005).

O destino do Homem determina-se na forma como é gerado, no calor dos braços que se lhe estende, na ideologia que o envolve e na liberdade que lhe é proporcionada para imaginar experimentar e pensar. Para ser criativo da sua própria Pessoa e das suas Obras. Nessa mesma esteira, apontando-nos para as raízes da violência, ratifica Bauman (*apud* Duarte, 2011), acerca dos distúrbios de Londres: "Busca da felicidade não deve ser atrelada a indicadores de riqueza", ainda aduz: "As autoridades agora querem conter o motim dos humilhados sem realmente atacar suas causas".

A vida humana e a sua personalidade jurídica

A fecundação humana, amálgama da nossa vida, é quando se dá a formação da célula ovo ou zigoto, resultado da fusão das células paternas, óvulo da mãe e espermatozóide do pai. Esse ato inaugural e inédito, sob o ponto de vista genético, traz consigo todas as potencias inatas da espécie humana, sejam elas morfológicas, fisiológicas e comportamentais e até mesmo eventuais doenças futuras (Alárcon, 2004; Nussbaum, McInnes, Willar, 2002).

A partir do estado unicelular de ovo ou zigoto, a embriogênese se processa, em franco processo de formação, pela multiplicação e diferenciação dessa unidade celular, estando suscetível a todos as influências danosas físicas, químicas e microbiológicas do meio em que se desenvolve. Essas podem implicar em: a) morte do concepto, b) malformações, c) retardo de crescimento intrauterino, e d) deficiências funcionais, incluindo-se aqui o retardo mental. Tais danos tanto podem ter causa genética como ambiental e, na maioria das vezes, se constituem como a combinação convergente dessas duas causas, caracterizando assim a etiologia multifatorial. (Kalter, Warkany, 1982; Sanseverino, Spritzer, Schüler-Faccini, 2001, Baird Et Al., 1982; Moore, Persaud, 2004).

No que concerne ao direito à vida, no âmbito jurídico, a Constituição Federal de 1988, em seu artigo 5º, garante a sua inviolabilidade e condiciona os demais direitos da personalidade. Nesse sentido, são oportunos os ensinamentos de Diniz (2002, p. 22-24):[2]

O direito à vida, por ser essencial ao ser humano, condiciona os demais direitos da personalidade. A Constituição Federal de 1988, em

---

[2] DINIZ, M. H. *Curso de Direito Civil Brasileiro*, v. 1: teoria geral do direito civil. São Paulo: Saraiva, 2002.

Medo – fronteira entre o sobreviver e o viver

seu art. 5º, *caput*, assegura a inviolabilidade do direito à vida, ou seja, a integralidade existencial, consequentemente, a vida é um bem jurídico tutelado como direito fundamental básico desde a concepção, momento específico, comprovado cientificamente, da formação da pessoa. Se assim é, a vida humana deve ser protegida contra tudo e contra todos, pois é objeto de direito personalíssimo. O respeito a ela e aos demais bens ou direitos correlatos decorre de um dever absoluto erga omnes, por sua própria natureza, ao qual a ninguém é lícito desobedecer. Garantido está o direito à vida pela norma constitucional em cláusula pétrea, que é intangível, pois contra ela nem mesmo há o poder de emendar.

As normas infraconstitucionais, tais como o Código Civil, visam à proteção da vida e dos direitos e deveres tanto dos não nascidos – ou nascituros – quanto dos nascidos, tidos como participantes de todos os atos da vida civil. Nesse sentido, é o que preconiza o artigo 2º do Código Civil brasileiro (Lei nº 10.406, de 2002): "A personalidade civil da pessoa começa do nascimento com vida; mas a lei põe a salvo, desde a concepção, os direitos do nascituro".

Com efeito, a vida é um direito inerente a toda pessoa humana. A vida plena em direitos e obrigações se imputa a toda a pessoa, do latim *persona*. Consoante afirma Sá (2000, p. 36):

> Uma vez entendido quem é sujeito de direitos, há que se acrescentar que, à exceção de entidades a que se atribui personalidade processual (massa falida, herança jacente, sociedade de fato etc.), todo sujeito de direito é também uma pessoa. É a ela que são reconhecidas as faculdades ou poderes de ação nas atividades jurídicas resultantes do convívio social.

Nesse sentido, a questão da personalidade civil imputada aos sujeitos e o reconhecimento de direito aos nascituros são considerados garantia para a proteção dos direitos e deveres inerentes à defesa da dignidade da pessoa humana. Para tanto, como forma exemplificativa, faz-se o uso dos artigos 124, 125 e 126 do Código Penal vigente, que apontam as penalidades em caso de aborto provocado pela gestante ou por terceiro.

O direito à vida, sendo um direito de personalidade, visa assegurar a primazia de todos os demais direitos e garantias concernentes à coletividade. Para Bittar (2008, p. 71):

> Trata-se de direito que se reveste, em sua plenitude, de todas as características gerais do direito da personalidade, devendo-se enfatizar o aspecto da indisponibilidade, uma vez que se caracteriza, nesse campo, um direito à vida e não um direito sobre a vida. Constitui-se direito de

caráter negativo, impondo-se pelo respeito que a todos os componentes da coletividade se exige. Com isso, tem-se presente a ineficácia de qualquer declaração de vontade do titular que importe em cerceamento a esse direito, eis que se não pode ceifar a vida humana, por si, ou por outrem, mesmo sob consentimento, porque se entende, universalmente, que o homem não vive apenas para si, mas para cumprir missão própria da sociedade. Cabe-lhe, assim, perseguir o seu aperfeiçoamento pessoal, mas também contribuir para o progresso geral da coletividade, objetivos esses alcançáveis ante o pressuposto da vida.

Como acentua Moraes (2002), o *direito à vida* é o mais *fundamental de todos os direitos*, já que se constitui em *pré-requisito à existência* e ao exercício de todos os demais direitos.[3]

Sarlet (2009, p. 96) aduz:

Mesmo fora do âmbito dos princípios fundamentais, o valor da dignidade da pessoa humana foi objeto de previsão por parte do Constituinte, seja quando estabeleceu que a ordem econômica tem por fim assegurar a todos uma existência digna (art. 170, *caput*), seja quando, no âmbito da ordem social, fundou o planejamento familiar nos princípios da dignidade da pessoa humana e da paternidade responsável (art. 226, parágrafo 6), além de assegurar a criança e ao adolescente o direito a dignidade (art. 227, *caput*). Assim, ao menos neste final de século, o princípio da dignidade da pessoa humana mereceu a devida atenção na esfera do nosso direito constitucional.

Na Constituição Federal de 1988, o principio da Dignidade da Pessoa Humana foi elevado ao patamar de fundamento do Estado Democrático de Direito, integrando a categoria dos princípios fundamentais, ao lado de outras normas principiológicas.[4]

A consagração desse princípio implica considerar o homem como o centro do universo jurídico, reconhecimento que abrange todos os seres humanos e cada um destes individualmente considerados, de sorte que a projeção dos efeitos irradiados pela ordem jurídica não há de se manifestar, a princípio, de modo diverso ante duas pessoas.[5]

Corroborando as doutrinas anteriores, o Estatuto da Criança e do Adolescente (Lei nº 8069/90), em seu artigo 3º, afirma que a criança e o adolescente gozam de todos os direitos fundamentais inerentes à pes-

---

[3] No mesmo sentido são os ensinamentos de Diniz (2006, p. 23-24), citando a Constituição Brasileira de 1988, comenta: *O direito à vida*, por ser essencial ao ser humano, condiciona os demais direitos da personalidade.

[4] MOLINARI, Fernanda. *Parto Anônimo:* uma origem na obscuridade frente aos Direitos Fundamentais da Criança. Rio de Janeiro: Editora GZ, 2010. p.66.

[5] ARENDT, Hannah. *A condição humana.* 9ª ed. Rio de Janeiro: Forense Universitária, 1999. p. 46.

Medo – fronteira entre o sobreviver e o viver

soa humana, sem prejuízo da proteção integral de que trata esta Lei, assegurando-lhes, por lei ou por outros meios, todas as oportunidades e facilidades, a fim de lhes facultar o desenvolvimento físico, mental, moral, espiritual e social, em condições de liberdade e de dignidade. Em seu artigo 7º, reforça a afirmativa que a criança e o adolescente têm *a proteção à vida e à saúde*, mediante a efetivação de políticas sociais públicas que permitam o nascimento e o desenvolvimento sadio e harmonioso, *em condições dignas de existência*. O artigo 8º complementa tal garantia: "[...] incumbe ao Poder Público propiciar apoio alimentar à gestante e à nutriz que dele necessitem".

Exarado na Declaração Universal dos Direitos Humano, 1948, consta o que se segue:

artigo XXV, item 2.: *a maternidade e a infância* têm direito a cuidados e assistência especiais. Todas as crianças nascidas dentro ou fora do matrimônio gozarão da mesma proteção social;

artigo XXVI, item 1.: toda pessoa tem direito *à instrução. A instrução será gratuita, pelo menos nos graus elementares e fundamentais. A instrução elementar será obrigatória*. A instrução técnico-profissional será acessível a todos, bem como a instrução superior, esta baseada no mérito;

item 2.: a instrução será orientada *no sentido do pleno desenvolvimento da personalidade humana* e do fortalecimento do respeito pelos direitos humanos e pelas liberdades fundamentais. A instrução promoverá a compreensão, a tolerância e a amizade entre todas as nações e grupos raciais ou religiosos e coadjuvará as atividades das Nações Unidas em prol da manutenção da paz;

artigo XXIV, item 1.: toda pessoa tem deveres para com a comunidade, *em que o livre e pleno desenvolvimento de sua personalidade é possível.*

A proteção à infância e ao desenvolvimento também se encontra priorizada na convenção sobre os direitos da criança, emanada da Assembleia Geral da Nações Unidas, de 1989 (UNICEF, 1990, p. 4), que, em seu preâmbulo, faz constar:

Tendo presente que a necessidade de garantir uma proteção especial à criança foi enunciada pela Declaração de Genebra de 1924 sobre os Direitos da Criança e pela Declaração dos Direitos da Criança adotada pelas Nações Unidas em 1959 e foi reconhecida pela Declaração Universal dos Direitos do Homem, pelo Pacto Internacional sobre os Direitos Civis e Políticos (nomeadamente nos artigos 23º e 24º), pelo Pacto Internacional sobre os Direitos Econômicos, Sociais e Culturais (nomeadamente o artigo 10º) e pelos estatutos e instrumentos pertinentes das agências especializadas e organizações internacionais que se dedicam ao bem-estar da criança;

Tendo presente que, como indicado na Declaração dos Direitos da Criança, adotada em 20 de Novembro de 1959 pela Assembleia Geral das Nações Unidas, «a criança, por motivo da sua falta de maturidade física e intelectual, tem necessidade de uma proteção e cuidados especiais, nomeadamente de proteção jurídica adequada, tanto antes como depois do nascimento»;

Recordando as disposições da Declaração sobre os Princípios Sociais e Jurídicos Aplicáveis à Proteção e Bem-Estar das Crianças, com Especial Referência à Adoção e Colocação Familiar nos Planos Nacional e Internacional (Resolução nº 41/85 da Assembleia Geral de 3 de Dezembro de 1986), o Conjunto de Regras Mínimas das Nações Unidas relativas à Administração da Justiça para Menores (Regras de Beijing) (Resolução nº 40/33 da Assembleia Geral, de 29 de Novembro de 1985) e a Declaração sobre Proteção de Mulheres e Crianças em Situação de Emergência ou de Conflito Armado (Resolução nº 3318 (XXIX) da Assembleia Geral, de 14 de Dezembro de 1974)...

Assim, justo e amplamente amparado por instrumentos legais brasileiros e internacionais, o direito à vida se apresenta intimamente ligado com a dignidade, ou poderia dizer, ainda, com a *plenitude da vida*. Essa condição revela que o direito à vida não se traduz apenas pelo direito de sobrevivência, mas de viver nas suas múltiplas dimensões com a dignidade que lhe é pertinente.

A vida humana e a personalidade psíquica

A vida, da qual também somos detentores, traz em si um histórico evolutivo de quatro bilhões de anos, e a vida humana, especificamente falando, de quatro milhões de anos. Tal postulado, corroborado pela publicação, em 1859, por Charles Darwin (1809-1882), da magnânima e atualíssima obra "A Origem das Espécies", em nenhum momento ousou explicar a origem da vida, mas demonstrar a ancestralidade comum entre todos os seres vivos do planeta e, mais ainda, a estreita relação de causa e efeito entre a vida e meio.

Nessa esteira, corroborando os pressupostos teóricos da obra supra, pioneiramente Darwin, em 1872, ao publicar a obra "A expressão das emoções no homem e nos animais", demonstra a existência das nossas emoções inatas, dentre elas agressão e medo, sede do comportamento da violência. Inaugura-se aí a Etologia, abrindo assim caminho para a Psicanálise de Freud, a Neurobiologia das Emoções ou

Neurociência Afetivas, entre outras, cujos esclarecimentos tem possibilitado a compreensão dos determinantes ambientais no surgimento das diferentes psicopatias, inclusive as relacionadas a comportamentos violentos.

No meio onde se desenvolve o indivíduo, no sentido lato (corpo e mente), desde a sua fase de bebê e por toda sua infância, todo o atendimento as suas demandas de sobrevivência e seu processo educacional são permeados de maior ou menor medo, dependendo daqueles cujo papel inclui o cuidar e educar.

Com suas raízes na ancestralidade, e, portanto, já presente desde o nascimento, o medo inato serve de alicerce, para sobre ele edificar o medo condicionado pela cultura, pela educação. Papalia e Olds (2000), assim referem:

> Logo após o nascimento os bebês mostram sinais de desconforto, interesse e aversão. Nos meses seguintes, essas emoções básicas se diferenciam em alegria, zanga, surpresa, tristeza, reserva e medo. A emergência dessas emoções parece ser governada pelo relógio biológico da maturação cerebral.

Desse modo, podemos compreender que as interações com o mundo, em particular nas fases bebê e criança, vivenciadas e intermediadas por nossos cuidadores e educadores, podem implicar desastrosas consequências no desenvolvimento do indivíduo, com repercussões por toda a sua existência.

O resultado das relações do individuo com o meio que o circunscreve irá constituir sua personalidade, conforme propõe o Psicólogo Allport, cuja fundamentação se baseia no seguinte princípio (Allport, 1975; Braghirolli, 1995):

> Principio Social: a personalidade consiste nos hábitos e características adquiridos em resultado das interações sociais, que promovem o ajustamento do individuo ao meio social. Assim, "a personalidade é a organização dinâmica interna do individuo, dos seus sistemas psicofísicos, que determinam seu pensamento e comportamento característico".

Exemplificando, referimos duas fases para demonstramos a relevância do meio, em relação a faixa etária do individuo, na constituição da sua personalidade, segundo o esquema proposto por Erikson (1998):

> **a) Confiança x Desconfiança (até um ano de idade):** Durante o primeiro ano de vida, a criança é substancialmente dependente das pessoas que cuidam dela requerendo cuidado quanto a alimentação, higiene, locomoção, aprendizado de palavras e seus significados, bem

como estimulação para perceber que existe um mundo em movimento ao seu redor. O amadurecimento ocorrerá de forma equilibrada se a criança sentir que tem segurança e afeto, adquirindo confiança nas pessoas e no mundo.

b) Autonomia x Vergonha e Dúvida (segundo e terceiro ano): Neste período a criança passa a ter controle de suas necessidades fisiológicas e responder por sua higiene pessoal, o que dá a ela grande autonomia, confiança e liberdade para tentar novas coisas sem medo de errar. Se, no entanto, for criticada ou ridicularizada desenvolverá vergonha e dúvida quanto a sua capacidade de ser autônoma, provocando uma volta ao estágio anterior, ou seja, a dependência.

Uma importante metodologia para se avaliar o desenvolvimento do indivíduo é o desenho infantil. Ele pode ser usado como um medidor do conhecimento e do autoconhecimento, uma vez que, a partir dele, a criança começa a organizar as informações, processar as experiências vividas e pensadas, revelar seus aprendizados e até desenvolver um modelo de expressar suas preferências pessoais pelo mundo em que vive.

Tais informações são de especial relevância para aqueles envolvidos com a educação, sejam pais ou professores, pois servem como identificação dos diferentes medos que habitam o mundo mental das crianças.

Para Pereira (2011),

O desenho, forma de pensamento, propicia oportunidade de que o mundo interior se confronte com o exterior, a observação do real se depare com a imaginação e o desejo de significar. Assim, memória, imaginação e observação se encontram, passado e futuro convergindo para o registro da ação no presente.

Como pensamento visual, o desenho é estímulo para exploração do universo imaginário. É, também, instrumento de generalização, de abstração e de classificação.

Do mesmo modo, a compreensão dos medos e do estado mental da criança através das revelações icônicas constitue-se em importante instrumento para psicólogos e operadores do direito, no sentido de entender seus desdobramentos, por exemplo, o comportamento violento, e melhor instruir o manejo e a adoção de medidas preventivas.

Kübler-Ross (2001), ao referir amor e medo, bem ilustra a relevância das bases que condicionam e norteiam nosso comportamento:

Precisamos ensinar à próxima geração de crianças, a partir do primeiro dia, que elas são responsáveis por suas vidas. A maior dádiva da espécie humana, e também sua maior desgraça, é que nós temos livre-arbítrio. Podemos fazer nossas escolhas baseadas no amor ou no medo.

Boi da cara preta, bicho-papão, bruxa, velho do saco são alguns dentre muitos exemplos que bem ilustram medos condicionados, impostos pelos adultos às crianças, como medida para cercear seus comportamentos, e que resultam em ansiedade, fobia, tolhendo-lhes a expressão e o desenvolvimento (motor e afetivo), além de outras sequelas emocionais e comportamentais.

As bases do nosso comportamento, inclusive os psicopatológicos, foram elucidados pela teoria psicanalítica de Sigmund Freud (1976), cujas hipóteses apontam nos seguintes sentidos:

a) O nosso mundo mental adulto é influenciado pelo inconsciente;

b) Experiências pregressas, em particular da infância, determinam o comportamento na vida adulta.

No entender de Freud (1976), os transtornos mentais da vida adulta são resultantes dos conflitos entre o consciente e o inconsciente.

Tudo tem de ser pago de uma maneira ou outra, dizia-nos Freud, referindo-se ao conflito psíquico[6] nascido da luta originada entre a exigência pulsional e a proibição, pela realidade, dessa satisfação pulsional – concluindo que a criança responde ao conflito por duas reações contrárias: "por um lado, com o auxílio de certos mecanismos, rejeita a realidade e recusa-se a aceitação da frustração ante as proibições; pelo outro, no mesmo alento, reconhece o perigo da realidade, assume o medo desse perigo como um sintoma patológico e, subsequentemente, tenta se desfazer desse medo (TRINDADE et al, 2011).

Ratificando Freud, Bauman (*apud* Duarte, 2011) aduz:

---

[6] "O id é a instância pulsional do psiquismo, e seu conteúdo é totalmente inconsciente. Ele é o grande reservatório de impulsos e instintos. É irracional, ilógico e amoral. Consiste no conjunto de reações mais primitivas da personalidade humana, que compreende os esforços para conseguir satisfação biológica imediata, sem avaliar as conseqüências. Tenta impor seus desejos de satisfação imediata e irrestrita e, para conseguir o que deseja, precisa fazer uma negociação com o ego; O ego corresponde ao conjunto de reações que tenta conciliar os esforços e as demandas do id com as exigências da realidade, interna ou externa. Nesse aspecto, faz a mediação dos impulsos do id com o meio ambiente, permitindo ao sujeito olhar-se a si próprio. O ego apresenta uma função adaptativa e está presidido pelo princípio da realidade. O superego é a expressão da interiorização das interdições e exigências da cultura e da moralidade, representada pelos pais. É quase totalmente inconsciente, possuindo uma pequena parte consciente. É nele que se inscreve a lei primária. A lei de todas as leis, que é interna e propícia a cada pessoa valorar o que é bom ou mau, certo ou errado [...]. O superego tem uma função essencial, que é a de cuidado e proteção, mostrado ao ego o que é moralmente inaceitável ou perigoso à integridade física". TRINDADE, J., TRINDADE, E. K ., MOLINARI, F. *Psicologia Judiciária para Carreira da Magistratura*. Porto Alegre: Livraria do Advogado, 2010.

O medo e o mal são irmãos siameses. Não podemos encontrar um deles separado do outro. Ou talvez sejam apenas dois nomes de uma só experiência – um deles se referindo ao que se vê e ouve, o outro ao que se sente. Um apontando para o "lá fora", para o mundo, o outro para o "aqui dentro", para você mesmo. O que tememos é o mal; o que é o mal, nós tememos.

Conforme Winnicott (1978), cada ser humano traz um potencial inato para o amadurecimento e a integração; dependerá, contudo, de um ambiente facilitador.

Após a adaptação do bebê, esse sinaliza que seu amadurecimento já o torna apto a suportar as falhas maternas. A mãe suficientemente boa deve compreender esse movimento do bebê rumo à dependência relativa e a ele corresponder, permitindo-se as falhas que abrirão espaço ao seu desenvolvimento.

Da relação saudável que ocorre entre mãe e bebê, emergem os fundamentos da constituição da pessoa e do desenvolvimento emocional afetivo da criança.

Desde o nascimento é importante, para a constituição do *self*, o modo como a mãe coloca o bebê no colo e o carrega, possibilitando assim o amalgamento entre o inato, a realidade psíquica e um esquema corporal pessoal.

O bebê irá transitar de um estado de dependência absoluta para uma dependência relativa até um estado de independência nunca absoluta, pois o indivíduo sadio não se torna isolado, mas relaciona-se com o ambiente e com os demais indivíduos, podendo-se dizer que ambos, nesse caso mãe e bebê, tornam-se saudavelmente interdependentes.

Segundo Melanie Klein (1974), a vida mental é influenciada pelas emoções mais primitivas e a fantasia inconsciente que o bebê recém-nascido experimenta, tanto no processo do nascer como na sua ambientação pós-natal, razões que geram uma ansiedade persecutória.

Assim, sente de forma inconsciente como se todos os seus desconfortos lhe fossem infligidos por forças hostis. Do contrário, se lhe forem proporcionados conforto, carinho, acolhimento e gratificação alimentar, terá emoções mais felizes, tornando possível a primeira relação amorosa da criança com uma pessoa (objeto, na linguagem psicanalítica).

Desse modo, fica evidenciado que, para o bebê, tudo o que é mau ou bom chega à sua mente provindo da sua mãe. Logo, os impulsos destrutivos e seus análogos, tais como ressentimentos por frustrações, o ódio que desperta, a incapacidade para se reconciliar e a inveja do objeto todo-poderoso, a mãe, de quem depende sua vida e bem-estar, acabam por lhe despertar sentimentos e comportamentos negativos.

Os impulsos destrutivos, que variam de indivíduo para indivíduo, constituem parte integrante da vida mental, mesmo em circunstâncias favoráveis, e, portanto, temos de considerar o desenvolvimento da criança e as atitudes dos adultos como resultantes da interação entre influências internas e externas vivenciadas pelo bebê.

A fantasia infantil é a representação psíquica do instinto, que representa o conteúdo específico das necessidades ou dos sentimentos (desejo, temores, ansiedade, triunfo, amor ou pesar).

O medo da perda do objeto amoroso, no caso a mãe, pode gerar na criança o sentimento de inveja, que não é apenas o desejo de posse pelo objeto, mas também o forte impulso de destruir o prazer e a fonte do prazer que o outro obtém com o objeto de desejo.

As respostas eliciadas pelo indivíduo, decorrentes da emoção do medo, são arroladas por Bear (2002), a saber:

a) a subjetividade de sentimentos negativos;

b) respostas químicas e físicas internas ao indivíduo que se traduzem por sua fisiologia;

c) comportamentos e ações características.

Em relação aos itens supra, podemos inferir que tais respostas apresentam compatibilidade com as psicopatias, inclusive com o comportamento violento.

Para Lacan (1986), a psicanálise é para situar o Eu como instância de desconhecimento, ilusão-alucinação, sede do narcisismo, referido como o momento do Estágio do Espelho. Nesse estágio, o olhar do cuidador para o cuidado (bebê/criança), se constitui relevante para o existir, o Eu. O Eu que é situado no registro do imaginário, juntamente com fenômenos como amor, ódio, medo, agressividade.

As importantes dimensões das demandas de uma criança bem podem ser vislumbradas através das suas falas, conforme consta em Cimino (2006):

a) Eu tenho o direito de ser cuidada por pessoas que podem enxergar o mundo através dos meus olhos;

b) Eu tenho o direito de ser cuidada por pessoas que percebam minhas necessidades ainda quando eu não consiga explicar quais são elas;

c) Eu tenho o direito de falar por mim mesmo quando posso fazer isto e de ter alguém para falar por mim quando eu não posso; eu tenho o direito de ter meus direitos respeitados.

Em meu entendimento, as expressões supra ratificam a nossa falsa onipotência que nos deixa cegos e surdos, para acolhermos aqueles que tanto têm a nos ensinar. Essa nossa onipotência, pela qual impomos as crianças nossos herméticos conceitos de bom e mau, lhes causa ansiedade.

A educação escolar na construção do indivíduo

Levando em consideração que os pilares do desenvolvimento da criança, além da família, são igualmente influenciados pela escola, temos o ensino fundamental, estendendo-se à educação pré-escolar, como o melhor e mais importante momento de investimento humano, seja em quem aprende, seja em quem educa (HECKMAN, 2000 *apud* WEINBERG, 2009).

Atuam na constituição do indivíduo as agências educacionais informais (web, TV, literatura etc.) e as formais, como a família e a escola, sendo que essa última tanto pode fazer emergir uma vida humana digna e plena como também contribuir para devastação psíquica do indivíduo.

Em seu magistral artigo "Das (Im)possibilidades de se ver como anjo", Meyer (2002) demonstra o que, à luz do nosso olhar, é essa devastação e cujo patrocinador é o em torno, no caso em tela a escola. Trata-se de uma menina de cor negra que evade da pré-escola em decorrência do seu imenso sofrimento emocional por *não poder ser anjo*, tendo em vista que todos as referências e imagens de anjo que há em sua escola são retratadas por crianças brancas e de olhos azuis. Com base em tal narrativa, inferimos que o evento se caracteriza como um modelo de apartação racial, que, nesse e em muitos e diferentes exemplos, são criados e fomentados pela própria escola, em cuja esteira vai o fenômeno violento do *bullying*.

No seu dito, Gama Filho (1982) bem espelha o acima citado: "O Brasil que precisamos construir com igualdade de oportunidade para todos depende do êxito dos nossos esforços no campo da educação".

É marcadamente no cenário escolar que o indivíduo expressa, mas também constrói, suas práticas e significados de si e do seu entorno, Tal etapa se constitui de particular delicadeza, tendo em vista que o educador pode inadvertidamente reforçar estímulos condicionadores do medo ou ainda não ter habilidade de como fazer o enfrentamento dessas emoções.

Segundo Mlynarz (2001), os temores são influenciados também pela aprendizagem. Em virtude de uma experiência penosa, de ter sido assustada ou dominada, a criança poderá "aprender" a temer algo que antes não a incomodava.

Dely (2007) refere que o adulto, por inexperiência ou equivocadamente, diante da criança com medo, tenta impô-la ao enfrentamento, fazendo assim exacerbar seu medo e propiciar seus transtornos mentais.

Corroborando o postulado de Dely, diversos transtornos mentais são referidos no Manual Diagnostico e Estatístico de Transtornos Mentais (1995) como relacionados ao medo.

Os achados de Papalia e Olds (2000) demonstram que crianças vitimas de maus tratos, por parte de seus genitores, apresentam tendência a ser mais ansiosas e agressivas, dentre outros transtornos: o castigo severo pode ter efeitos prejudiciais. O castigo físico precoce e severo representa um risco especial de danos à criança. Além disso, o castigo físico ou verbal severo pode encorajar a criança a imitar o comportamento agressivo de quem o pratica.

Conclusão

A vida humana, plena de direitos e deveres, situa-se psíquica e socialmente como uma personalidade civil, e é sob essa óptica que devemos envidar esforços em políticas públicas sob a égide dos direitos humanos.

Compreender e enfrentar a violência, sob a luz dos direitos humanos, que consolide um Estado de Direito capaz de assegurar o pleno exercício da cidadania, impõe a tomada de um conjunto de medidas por parte da sociedade civil e do governo.

Para tanto, o referencial dessas medidas é a indissociabilidade dos direitos humanos, numa visão individual e coletiva, abrangendo direitos civis, políticos, socioeconômicos, educacionais e culturais. Esse é o caminho pelo qual há de se consolidar o direito de todo cidadão à vida digna, plena e segura.

Nesse contexto, e por tudo aqui exposto, concluímos que a plenitude e dignidade da vida humana perpassa pelos pilares que ora consideramos:

a) EDUCAÇÃO

Retomando Gama Filho (1982): "A igualdade de oportunidade para todos depende do êxito dos nossos esforços no campo da educação".

Ao falar em igualdade de oportunidade para todos, está implícita a justiça. Nesse sentido, qualquer esforço empreendido longe do olhar da diversidade, em particular na educação infantil, põe em risco o êxito desses esforços. Com isso, a vida plena e digna e uma sociedade mais justa e menos violenta não podem prescindir da educação que inclui.

Nessa mesma esteira, igualmente propõe Heckman (*apud* WEINBERG, 2009):

> Investir em na educação a nível médio e superior, bem como em sistemas prisionais, não obstantes necessários e relevantes, é uma inversão da lógica da vida, no sentido de que é na educação fundamental que se deve mais e melhor investir, ou seja, ofertar a uma criança um terreno fértil é possibilitar o florescer e o frutificar de um adulto. Tais investimentos incluem melhor preparados e remunerados professores, exercendo seus papéis em instituições com a maior diversidade de recursos materiais que lhes possibilite o desenvolvimento das potências afetiva e cognitiva desses educandos.

Acrescenta Heckman:

> Deixar de fornecer estímulos às crianças nos primeiros anos de vida custa caro para elas – e para um país.

Reitera Sampaio (2009):

> Nosso sistema nervoso encefálico, onde tudo que se planta, até sementes imaginarias do medo condicionado, nasce e dá muitos frutos: frutos de gosto mau, amargo.

b) DIREITOS HUMANOS

Os Direitos Humanos são inequivocamente contemplados e destacados seja em âmbito internacional, seja no ordenamento jurídico pátrio, o qual tem como pilar a Constituição Federal e, em sua decorrência, as normais infraconstitucionais tais como o Estatuto da Criança e do Adolescente, o Código Civil e Penal, entre outras.

Sob a égide desses estatutos, a dignidade e a plenitude da vida humana encontram-se sobejamente amparadas.

Contudo, faz-se mister que tais doutrinas sejam cumpridas. Nesse sentido, Heckman (2000, *apud* WEINBERG, 2009) postula:

> *Se há tanta clareza sobre os benefícios de programas que mirem os primeiros anos de vida de uma criança, por que os governos ainda resistem a essa ideia?*

A ausência de bons incentivos na primeira infância está associada a uma série de indicadores ruins, como evasão escolar e gravidez na adolescência. Isso representa um custo enorme às sociedades.

Acrescenta:

[...] um país como o Brasil só conseguirá realmente alcançar altos índices de produtividade quando entender que é necessário mirar nos anos iniciais. Eles são decisivos para moldar habilidades que servirão de base para que outras surjam – um ciclo virtuoso do qual resulta gente preparada para produzir riquezas para si mesma e para seus países. Os governos, no entanto, têm se mostrado bastante ineficazes ao proporcionar esse ciclo.

c) MEIO FAVORÁVEL

Pensar num meio auspicioso para o desenvolvimento da vida humana remete-nos inevitavelmente aos direitos humanos. Por essa via, devem ser cumpridos, séria e eficazmente, os programas de assistência às famílias, às gestantes, ao bebê ate seu ingresso na escola e por todo o ensino fundamental. Pensar em educação, desenvolvimento afetivo e cognitivo de um indivíduo, pressupõe um terreno previamente fértil. Tais pressupostos remetem-nos a compreender o que faz da Finlândia, o país cujo sistema educacional é o mais eficaz do mundo. Lá, como deveria ser em qualquer parte do mundo, a educação, além de boas instalações e bons equipamentos, se dá num meio favorável para o aprender e se desenvolver, construído imprescindivelmente com o engajamento ativo e integrado do Estado, das famílias e dos professores.

Por fim, entendemos que o fenômeno da violência social é antes de mais nada, um fenômeno institucionalmente nascido e solidamente reforçado por nossa prática educacional de apartação social, cujas bases apoiam-se no medo e, por isso, longe do amparo dos diretos humanos.

Nesse sentido, propomos que os sistemas judiciário e educacional, em amálgama, sejam guardiões e fazedores do cumprimento eficaz da dignidade e da plenitude da vida humana, assegurando uma educação de inclusão e de oportunidades. Pois não há como pensar em justiça sem educação e em educação sem justiça. E pensar e agir sob a luz da justiça é fazer operar os mecanismos que viabilizem uma sociedade menos violenta.

Ignorar a relevância da educação, formal e informal, na constituição e construção de quem aprende e a relação desse processo com o crescimento da violência velada e revelada, a que todos estamos impostos, em particular indefesamente esses pequeninos aprendizes filhos da pátria, é negar-lhes a possibilidade da plena dignidade da pessoa humana.

Referências

ALARCÓN, Pietro de Jesús Lora. *Patrimônio Genético Humano e sua proteção na Constituição Federal de 1988*. São Paulo: Método, 2004.

ALLPORT, Gordon W. *Desenvolvimento da Personalidade*. São Paulo: E.P.U.,1975.

ARENDT, Hannah. *A condição humana*. 9. ed. Rio de Janeiro: Forense Universitária, 1999.

BAIRD, P. A. et al. Genetic disorders in children and young adults: a population study. *American Journal of Human Genetics*, v. 42, p. 677-693, 1982.

BEAR, M. F. *et al. Neurociências, desvendando o sistema nervoso*. 2. ed. Porto Alegre: Artmed, 2002.

BITTAR, Carlos Alberto. *Os direitos da personalidade*. Rio de Janeiro: Forense Universitária, 2008.

BRAGHIROLLI, Elaine Maria. *Psicologia Geral*. Rio de Janeiro: Vozes, 1995.

BRASIL. *Código de Processo Penal*. 3. ed. São Paulo: Revista dos Tribunais, 2001.

BRASIL. *Código Penal*. 3 ed. São Paulo: Revista dos Tribunais, 2001.

BRASIL. *Constituição* (1988). 21. ed. São Paulo: Saraiva, 1999.

CIMINO, V. *A foto da história felicidade*. São Paulo: Viva e Deixe Viver, 2006.

DAMÁSIO, Antônio. Como o cérebro cria a mente. *Scientific American*, Ed. Especial, n. 4, 2004.

DELY, Paula. *Estatuto da Criança e Do Adolescente (ECA) – Por que devemos conhecê-lo?* [2007]. Disponível em: <http://www.educacional.com.br/falecom/psicologa_bd.asp%3Fcodtexto%3D590+estatuto+da+crian%C3%A7a+e+do+adolescente&hl=pt-BR&ct=clnk&cd=7&gl=br>. Acesso em: 28 ago. 2011.

DINIZ, Maria Helena. *O estado atual do biodireito*. 3. ed. São Paulo: Saraiva, 2006.

——. *Curso de Direito Civil Brasileiro*, v. 1: teoria geral do direito civil. São Paulo: Saraiva, 2002.

DUARTE, Fernando. "Foi um motim de consumidores excluídos", diz sociólogo Zygmunt Bauman. Entrevista com Zygmunt Bauman. *O GLOBO*, Rio de Janeiro, 13 de agosto de 2011.

ERIKSON, Erik. *O Ciclo de vida Completo*. Porto Alegre: Artes Médicas, 1998.

FREUD, Sigmund. A divisão do ego no processo de defesa. In: ——. *Obras psicológicas completas de Sigmund Freud*. Rio de Janeiro: Imago, 1976. v. 23.

KALTER, H.; WARKANY, J. Congenital malformations: etiological factors and their role in prevention (first of two parts). *Journal of Medicine*, New England, v. 308, p. 424-431, 1982.

KLEIN, Melanie. *Inveja e gratidão*: um estudo das fontes inconscientes. Rio de Janeiro: Imago, 1974.

KUBLER-ROSS, Elisabeth. *Sobre a Morte e o Morrer*. São Paulo: Martins Fontes, 2001.

LACAN, Jacques. A Ética da Psicanálise. In: ——. *O Seminário*. Rio de Janeiro: Zahar, 1986. v. 7.

MANUAL diagnóstico e estatístico de transtornos mentais: DSM-IV. 4. ed. Porto Alegre: Artmed, 1995.

MEYER, Dagmar E. Estermann. *Das (im)possibilidades de se ver como anjo... In* GOMES, Nilma Lino & SILVA, Petronilha Beatriz Gonçalves e. (ORGs.) Experiências étnico-culturais para a formação de professores. Belo Horizonte: Autêntica, 2006.

McCORD, J.; WIDOM, C.S.; CROWELL, N.A. (Eds.). *Juvenile Crime, Juvenile Justice*. Washington, DC: National Academy Press, 2001.

Medo – fronteira entre o sobreviver e o viver

MLYNARZ, Monica. *Medos infantis.* São Paulo: Alobebe, 2001. Disponível em: <http://www.alobebe.com.br/site/revista/reportagem.asp?texto=115 > Acesso em: 28 ago. 2011.

MOLINARI, Fernanda. *Parto Anônimo:* uma origem na obscuridade frente aos Direitos Fundamentais da Criança. Rio de Janeiro: Editora GZ, 2010.

MOORE, K.; PERSAUD, T. V. N. *Embriologia Clínica.* 7. ed. Rio de Janeiro: Guanabara Koogan, 2004.

MORAES, Alexandre de. *Direito Constitucional.* 13. ed. São Paulo: Atlas, 2002.

NUSSBAUM, R. L.; McINNES, R. R.; WILLAR, H. F. *Thompson & Thompson – Genética médica.* 6. ed. Rio de Janeiro: Guanabara Koogan, 2002.

PAPALIA, Diane E.; OLDS, Sally Wendkos. *Desenvolvimento humano.* 7. ed. Porto Alegre: Artmed, 2000.

PEREIRA, Laïs de Toledo Krücken. *O desenho infantil e a construção da significação:* um estudo de caso. Disponível em: < portal.unesco.org/culture/en/files/29712/...pereira.../lais-kruckenpereira.pdf> Acesso em: 28 ago. 2011.

POTEGA, Michael et al. *Chaire de recherche Du Canadá sur Le developpement del'enfant.* Montreal: Universidade de Montreal, 2005.

RAINE, A . Biosocial studies of antisocial and violent behavior in children and adults: A review. *Journal of Abnormal Child Psychology,* v. 30, p. 311-326, 2002.

RAINE, A. et al. Corpus callosum abnormalities in psychopathic antisocial individuals. *Archives of General Psychiatry,* v. 60, p. 1134-1142, 2003.

RAINE, A.; SANMARTIN, J. (Eds.). *Violence and psychopathy.* New York: Kluwer/Plenum, 2001.

SÁ, Maria de Fátima Freire de. *Biodireito e Direito ao Próprio Corpo:* doação de órgãos, incluindo o estudo da Lei nº 9.434-97. Belo Horizonte: Del Rey: 2000.

SAMPAIO, Ítalo Abrantes. *Medo:* fronteira entre o sobreviver e o viver: neurofisiologia e comportamento. Canoas: Ed. ULBRA, 2009.

SANSEVERINO, M. T. V.; SPRITZER, D. T.; SCHÜLER-FACCINI, L. (Orgs.). *Manual de teratogênese.* Porto Alegre: Universidade Federal do Rio Grande do Sul, 2001.

SANTOS, João dos. *A Casa da Praia.* O Psicanalista na Escola. Lisboa: Horizonte, 1988.

SARLET, I. W. *A eficácia dos direitos fundamentais:* uma teoria geral dos direitos fundamentais na perspective constitucional, 10. ed. Porto Alegre: Livraria do Advogado, 2009.

THORNBERRY, Terence P. (Ed.). *Developmental Theories of Crime and Delinquency.* New Brunswick: Transaction Publishers, 1997.

TRINDADE, J.; TRINDADE, E. K.; MOLINARI, F. *Psicologia Judiciária para Carreira da Magistratura.* 2. ed. Porto Alegre: Livraria do Advogado, 2012.

UNICEF. *A convenção sobre os direitos da criança.* 1990. Disponível em: <http://www.unicef.pt/docs/pdf_publicacoes/convencao_direitos_crianca2004.pdf> Acesso em: 26 ago. 2011.

UNIVERSIDADE GAMA FILHO. Gama Filho: comemorativa aos 10 anos da outorga oficial do titulo de universidade e dos 43 anos do complexo de instituições de ensino fundadas por Luiz Gama Filho, a partir da direção do Colégio Piedade, em 1939. *Revista da Universidade Gama Filho,* [pub. Esp.],1982.

WEINBERG, Monica. *O bom de educar desde cedo.* Entrevista com James Heckman. São Paulo: Abril, 2009. Disponível em: <http://educarparacrescer.abril.com.br/politica-publica/entrevistajames-heckman-477453.shtml> Acesso em: 8 abr. 2011.

WINNICOTT, Donald Woods. **Da pediatria à psicanálise.** Rio de Janeiro: Francisco Alves, 1978.

SUSTENTAÇÃO DA PETIÇÃO DA ADVOGADA DRA. ELVIRA PROCÓPIO CORRÊA

– Do Dano Moral

A moral é reconhecida como bem jurídico, recebendo dos mais diversos diplomas legais a devida proteção, inclusive amparada pelo art. 5º, inc. V, da Carta Magna/1988:

Para Savatier, dano moral "é qualquer sofrimento humano que não é causado por uma perda pecuniária, e abrange todo atentado à reputação da vítima, à sua autoridade legitima, ao seu pudor, à sua segurança e tranqüilidade, ao seu amor próprio estético, à integridade de sua inteligência, à suas afeições, etc". (Traité de La Responsabilité Civile, vol.II, nº 525, in Caio Mario da Silva Pereira, Responsabilidade Civil, Editora Forense, RJ, 1989).

Segundo o professor Yussef Said Cahali:

Dano moral é a privação ou diminuição daqueles bens que têm um valor precípuo na vida do homem e que são a paz, a tranqüilidade de espírito, a liberdade individual, a integridade individual, a integridade física, a honra e os demais sagrados afetos, classificando-se desse modo, em dano que afeta a parte social do patrimônio moral (honra, reputação, etc.) e dano que molesta a parte afetiva do patrimônio moral (dor, tristeza, saudade, etc.),dano moral que provoca direta ou indiretamente dano patrimonial (cicatriz deformante, etc.) *e dano moral puro (dor, tristeza, etc.)* (Dano moral, Ed. Revista dos Tribunais, São Paulo, 1998, 2ª edição).

O Código Civil Brasileiro normatiza a reparação de quaisquer danos, sejam morais, sejam materiais, causados por ato ilícito, em seu artigo 186:

Aquele que, por *ação ou omissão voluntária*, negligência ou imprudência, violar direito e causar dano a outrem, ainda que exclusivamente moral, comete ato ilícito.

No caso em tela se observa uma ação voluntária, quando da negativa dos 3 ciclos seguintes, de uma medicação de 4 ciclos, onde a primeira aplicação foi autorizada e aplicada à requerente. A negativa voluntária à continuidade do tratamento causou um dano à autora, inclusive atentando contra a sua integridade física, na medida em que a mesma ingeriu a 1ª dose da medicação e a deixou impedida de completar os outros três ciclos. Cumpre salientar que esta ação voluntária, partiu de auditores médicos, conhecedores das consequencias de tal atitude. Esta ação negativa é de uma gravidade extrema, já que a vida da requerente é que estava sendo decidida. (doc. 23. Autorização do 1º ciclo).

Conforme entendimento do professor e magistrado José Luiz Gavião de Almeida:

> A reparação dos danos morais não busca reconduzir as partes à situação anterior ao dano, meta impossível. A sentença visa a deixar claro que a honra, o bom nome e a reputação da vítima restaram lesionados pela atitude inconseqüente do causador do dano. Busca resgatar o bom conceito de que valia o ofendido no seio da sociedade. O que interessa, de fato, é que a sentença venha a declarar a idoneidade do lesado; proporcionar um reconforto a vítima, e, ainda, punir aquele que agiu negligentemente, expondo o lesado a toda a sorte de dissabores.

O nexo causal entre o sofrimento e a conduta/culpa da requerida, se assenta ao relegar pessoa enferma, que precisava de proteção, a um segundo plano, ou a plano nenhum.

Como ensina o mestre Caio Mário da Silva Pereira:

> O fundamento da reparabilidade do dano moral está em que, a par do patrimônio em sentido técnico, o individuo é titular de direitos integrantes de sua personalidade, não podendo conformar-se a ordem jurídica que sejam impunemente atingidos. (Responsabilidade Civil, CD - ROM, não paginado)

> EMENTA: APELAÇÃO CÍVEL. SEGUROS. PLANO DE SAÚDE. REALIZAÇÃO DE SERVIÇOS *HOME CARE*. AUSÊNCIA DE JUSTIFICATIVA PARA A NEGATIVA. 1. O objeto principal do seguro é a cobertura do risco contratado, ou seja, o evento futuro e incerto que poderá gerar o dever de indenizar por parte da seguradora. Outro elemento essencial desta espécie contratual é a boa-fé, na forma do art. 422 do Código Civil, caracterizada pela lealdade e clareza das informações prestadas pelas partes. 2. Há perfeita incidência normativa do Código de Defesa do Consumidor nos contratos atinentes aos planos ou seguros de saúde, como aquele avençado entre as partes, podendo se definir como sendo um serviço a cobertura do seguro médico ofertada pela demandada, consubstanciada no pagamento dos procedimentos clínicos decorrentes de riscos futuros estipulados no contrato aos seus clientes, os quais são destinatários finais deste serviço. 3. Assim, concluí-se que

houve recusa imotivada por parte da demandada, pois era dever desta prestar o serviço de HOME CARE ao segurado, independente da forma pela qual se deu a baixa hospitalar para a internação deste, visto que o serviço a ser prestado não fazia qualquer distinção quanto a esta, não podendo o contratante cumprir a avença da forma que melhor lhe aprouver, sem levar em conta as disposições contratuais e finalidade do referido contrato, 4. No caso em exame, no que tange à prova do dano moral, por se tratar de lesão imaterial, desnecessária a demonstração do prejuízo, na medida em que possui natureza compensatória, minimizando de forma indireta as conseqüências da conduta da ré, decorrendo aquele do próprio fato. Conduta ilícita da demandada que faz presumir os prejuízos alegados pela parte autora, é o denominado dano moral puro. *5. O valor a ser arbitrado a título de indenização por dano imaterial deve levar em conta o princípio da proporcionalidade, bem como as condições da ofendida, a capacidade econômica do ofensor, além da reprovabilidade da conduta ilícita praticada.* (...). (Apelação Cível nº 70025818816, Quinta Câmara Cível, Tribunal de Justiça do RS, Relator: Jorge Luiz Lopes do Canto, Julgado em 29/10/2008)

Quanto à comprovação do dano sofrido, corrente doutrinária, que vem sendo admitida pelo Superior Tribunal de Justiça, orienta-se no sentido de que a responsabilização do causador do dano opera-se pela violação a um direito, não havendo necessidade de se provar prejuízo, O que se deve provar, apenas, é o fato que causou a lesão.

A prova do dano moral se satisfaz, na espécie, com a demonstração do fato que o ensejou e pela experiência comum. (STJ REsp. 304738/SP,4ª T.,Min. Sálvio de Figueiredo Teixeira, DJU, 13-8-2001, p.167)

Segundo ainda o professor Yussef Said Cahali, que define em sua obra "Dano Moral", RT, 2ª edição, que o sentimento de sofrimento psíquico, dor, angustia e tristeza, consideradas *dano moral puro*, que molestam a parte afetiva do patrimônio moral.

Assim sendo, mesmo independendo de comprovação, elenco os sentimentos suportados pela autora, com a negativa da continuidade do tratamento estes, totalmente subjetivos, tais como: indignação; raiva; desilusão; impotência; dependência; desorientação; *medo*; insegurança; tristeza; angustia; incerteza; descrença; desesperança; incomodação, dentre outros. Acrescentando a humilhação sentida pela autora, quando do fato da acusação de querer enriquecer ilicitamente, pois a mesma lutava arduamente pela vida e não conseguia nem pensar em indenização, queria sobreviver!

Neste sentido afirma o Biólogo, Mestre em Diagnóstico Genético Molecular, Italo Abrantes Sampaio, em seu livro "Medo – Fronteira entre o sobreviver e viver" alude que o medo pode se tornar crônico pela proximidade do estímulo incondicionado que produz (inato) e por estímulo condicionado, que se mantém presente com seus efeitos ou por conta do indivíduo de ameaça iminente. Este é o terreno fértil para florescer a ansiedade e o estresse. A Ansiedade é o estado de apreensão acerca de coisas não obrigatoriamente causadoras de medo, mas a expectativa de um acontecimento. Já o estresse *é o resultado do medo crônico em que o individuo vivencia um estado emocional ante um estado identificado*. Considerando que o mesmo estimulo pode ser causador dos estados de ansiedade e estresse, estes quase sempre são referidos como sinônimos, (...) ao excedermos este limite impreciso entramos em distúrbio emocional com severas repercussões orgânicas. Exemplo desta situação é a síndrome do pânico, resultado da ansiedade extrema, que se caracteriza pelo medo intenso e que traz a sensação de morte iminente. (fls, 95/96, editora Ulbra – agosto/2009)

Decisão do STJ:

> A concepção atual da doutrina orienta-se no sentido de que a responsabilização do agente causador do dano moral opera-se por força do simples fato da violação (damnum in re ipsa), não havendo que se cogitar da prova do prejuízo (REsp nº 23.575-DF, Relator Ministro César Asfor Rocha, DJU 01/09/97).

> Dano moral – Prova. Não há que se falar em prova do dano moral, mas, sim, na prova do fato que gerou a dor, o sofrimento, sentimentos íntimos que os ensejam (...) (REsp nº 86.271-SP, Relator Ministro Carlos A. Menezes, DJU 09/12/97).

Segundo entendimento do STF:

> A indenização, a título de dano moral, não exige comprovação de prejuízo" (RT 614/236), por ser este uma conseqüência irrecusável do fato e um "direito subjetivo da pessoa ofendida" (RT 124/299). As decisões partem do princípio de que a prova do dano moral está no próprio fato, "não sendo correto desacreditar na existência de prejuízo diante de situações potencialmente capazes de infligir dor moral.

O direito da requerente em receber a medicação está no artigo 35-C, na Lei dos Planos de Saúde:

> Art. 35-C. É obrigatória a cobertura do atendimento nos casos:

> I - de emergência, como tal definidos os que implicarem risco imediato de vida ou de lesões irreparáveis para o paciente, caracterizado em declaração do médico assistente.

Além dos direitos elencados acima, a Constituição da República agasalhou, nos incisos V e X, do artigo 5º, os direitos subjetivos privados, relativos à integridade moral.

O nexo causal entre o sofrimento e a conduta da requerida é evidente porque foi através da negativa ao seguimento das aplicações do medicamento que provocaram os sofrimentos elencados acima e, ainda, propiciaram disputas judiciais, que incomodam sobremaneira a autora, além de expô-la. Já que para procurar a tutela jurisdicional, em Ação Cautelar e Ordinária, teve que escancarar a sua vida em relação ao seu estado de saúde. O que, convenhamos, não tem nada de agradável.

> EMENTA: APELAÇÃO CÍVEL. SEGUROS. PLANO DE SAÚDE. REEMBOLSO DAS DESPESAS HOSPITALARES. DANO MORAL. CABIMENTO NO CASO EM CONCRETO. LITIGÂNCIA DE MÁ-FÉ. AFASTADA. JUROS DE MORA. TERMO INICIAL. CITAÇÃO. 1. No que tange à prova do dano moral, por se tratar de lesão imaterial, desnecessária a demonstração do prejuízo, na medida em que possui natureza compensatória, minimizando de forma indireta as conseqüências da conduta da ré, decorrendo aquele do próprio fato. Conduta ilícita da demandada que faz presumir os prejuízos alegados pela parte autora, é o denominado dano moral puro. 2. O valor a ser arbitrado a título de indenização por dano imaterial deve levar em conta o princípio da proporcionalidade, bem como as condições da ofendida, a capacidade econômica do ofensor, além da reprovabilidade da conduta ilícita praticada. Por fim, há que se ter presente que o ressarcimento do dano não se transforme em ganho desmesurado, importando em enriquecimento ilícito. 3. Redução do quantum indenizatório para R$ 6.000,00 (seis mil reais), de acordo com os parâmetros precitados. 4. Litigância de má-fé. Descabimento. Ausência dos requisitos previstos no art. 17 do Código de Processo Civil. 5. Com relação aos juros de mora, estes são devidos a partir da citação, quando da constituição da mora, ex vi do art. 219, caput, do CPC, a base de 1% ao mês, na forma do art. 406 do Código Civil, em consonância com o disposto no art. 161, § 1º, do CTN. 6. O julgador não está obrigado a se manifestar sobre todos os artigos de lei invocados pelas partes, bastando que aqueles referidos no corpo da decisão sejam suficientes para a resolução do caso submetido à apreciação, de sorte que não merece prosperar o prequestionamento formulado. Dado parcial provimento ao apelo da ré e negado provimento ao recurso adesivo da autora. (Apelação Cível nº 70029038916, Quinta Câmara Cível, Tribunal de Justiça do RS, Relator: Jorge Luiz Lopes do Canto, Julgado em 15/04/2009)

Em relação ao questionamento de qual seria a culpa da requerida, ela é total e absoluta, já que negou uma medicação em caráter emergencial e prescrita pelo médico assistente, como aludido, inclusive com provas substanciais. Incluindo como prova as decisões judiciais acostadas.

A função penal da condenação por dano moral pode e deve ser encarada como algo altamente moralizador, na medida em que, atingindo o patrimônio do agressor, com a sua conseqüente diminuição, estar-se-ia, à luz moral e da equidade, cumprindo a mais elementar noção de justiça, estar-se-ia punindo o ofensor para que o bem moral seja respeitado e, mais importante, fazendo calar o sentimento de vingança do ofendido, sentimento esse inato em qualquer pessoa, por mais moderna e civilizada que possa ser (Dano Moral nas Relações de Consumo, Nehemias Domingues de Melo, fl.64,Editora Saraiva, 2008, cit. Martinho Garcez Neto, Pratica de Responsabilidade Civil, fl. 51)

Cumpre salientar que o sofrimento não se restringe apenas a autora, todo um contexto familiar se desestrutura, pois lidar com uma pessoa querida com enfermidade é uma tarefa árdua e dolorosa.

SENTENÇA DO JUIZ DR. SÍLVIO LUÍS ALGARVE

Comarca de Porto Alegre
5ª Vara Cível do Foro Central
Rua Márcio Veras Vidor (antiga Rua Celeste Gobato), 10

Vistos etc.

XXXXXXXXX, qualificada à fl. 02, ajuizou pedido de indenização por danos morais em face de XXXXXXX, alegando, em síntese, que aos 27 anos de idade foi diagnosticado ser ela portadora de Púrpura Trombocitopênica Autoimune CID 69.3., caracterizada por uma baixa de plaquetas (trombocitopenia) no sangue periférico, de causa desconhecida, secundária à destruição excessiva de plaquetas por fatores imunológicos.

Apresentava, então, contagem de plaquetas extremamente baixa, com risco de hemorragias internas graves e letais.

Prossegue afirmando ter iniciado o tratamento com corticoesteroide em altas doses durante seis meses, não obtendo resposta.

Submeteu-se, a seguir, à aplicação de imunoglobulina, com resultado fugaz.

Iniciou, ainda, o uso continuado e combinado de medicamentos, além de transfusão plaquetária, tudo sem os efeitos esperados.

Como última alternativa, foi prescrito o medicamento RITUXI-MAB, iniciando-se, a partir daí, o que qualifica como calvário, pois a requerida, que vinha cobrindo o tratamento e a primeira aplicação do medicamente, sustou o atendimento, que previa mais três ciclos.

Foi então que recorreu à via judicial onde obteve, em ambas as instâncias, o reconhecimento definitivo do direito à cobertura.

Contudo, subsistem a ser compensados os danos morais, pois exposta ao agravamento da doença e até mesmo ao risco de morte com a negativa da requerida.

Narra o sentimento de desilusão, medo, insegurança e desesperança, acrescido da humilhação de ser acusada de pretender o enriquecimento ilícito, enquanto lutava pela própria vida.

Medo – fronteira entre o sobreviver e o viver

Daí o pedido de compensação que estima em R$ XXXXXXXX

Em contestação, a requerida argumentou que a cobertura pretendida pela autora não tinha previsão contratual, pois o medicamento solicitado – Rituximab – tinha caráter experimental, sendo de uso aprovado pela ANVISA apenas para as patologias Linfoma não Hodgkin baixo grau folicular, Linfoma não Hodgkin difuso de grandes células B e artrite reumatoide.

Tratava-se, assim, de um experimento empregá-lo para os casos de Púrpura Trombocitopênica Autoimune.

Combateu, ainda, a pretensão da autora em se ver indenizada por danos morais, pois divergência entre as partes que não autorizaria base suficiente ao pedido ora deduzido.

Juntou documentos (fls. 120/168).

Sobreveio réplica (fls.173/180), com documentos (fls. 181/185), sobre os quais manifestou-se a requerida (fls. 186/190).

Requereram as partes, enfim, o julgamento antecipado, posto que não teriam mais provas a produzir, inexistindo, ainda, o propósito de conciliar (fls. 193 e 194)

Relatei.

Decido.

JULGAMENTO ANTECIPADO.

Considerando os limites aos quais se restringiu a controvérsia, dispensável a produção de outros meios de prova, restando autorizado o imediato julgamento da lide, no estado em que se encontra o processo (artigo 330, I, do Código de Processo Civil).

MÉRITO

CONTRATO. COBERTURA – COISA JULGADA

Não cabe mais discutir, como insiste a requerida em sua resposta, sobre o seu dever de cobertura do tratamento da doença de que é portadora a requerente (Púrpura Trombocitopênica Autoimune – CID 69.3), notadamente do custeio do medicamento RITUXIMAB (mabthera), que, ainda pudesse ser caracterizado como experimental, foi prescrito pelo médico assistente e conveniado da própria requerida como solução eficaz, o que, por sinal, revelou-se decisivo para combater a doença, após todos os procedimentos e prescrições que não vinham obtendo êxito.

O impasse da cobertura já foi solucionado em definitivo na via judicial, consoante os termos da sentença reproduzida às fls. 54/59 e acórdão de fls. 60/65, inclusive não sendo admitido o recurso especial interposto pela demandada (fls. 66/70).

Pretender agora a renovação da lide a respeito é afrontar a *res judicata*, conduta processual que beira a temeridade.

Por outra, possível reconhecer que a autora se encontrava em caso de emergência, ou seja, conforme Parecer elaborado pelo Dr. Moacyr Esteves Perche, aprovado na 2.181ª, reunião plenária do CRE-MESP, realizada em 24/11/1998, "define-se por 'emergência' a constatação médica de condições de agravo à saúde que impliquem em risco iminente de vida ou sofrimento intenso, exigindo, portanto, tratamento médico imediato".

Sob tais conceitos, incidia o artigo 35-C da Lei 9.656/98:

Art. 35-C. É *obrigatória* a *cobertura* do atendimento nos casos: (Redação dada pela Lei nº 11.935, de 2009)

I – de *emergência*, como tal definidos os que implicarem risco imediato de vida ou de lesões irreparáveis para o paciente, caracterizado em declaração do médico assistente; (Redação dada pela Lei nº 11.935, de 2009)

A recusa, nesse passo, se revelava nitidamente abusiva, querendo a demandada sobrepor-se ao médico assistente, por sinal dela conveniado, que acompanhava de perto o quadro da requerente e que inúmeras providências e procedimentos já tentara na busca de remediar o mal que a acometia, antes de prescrever o derradeiro medicamento, que, ainda que de modo mais específico indicado para o combate de outras doenças, é comercializado regularmente no País, com a aprovação da ANVISA.

O mais grave é que o tratamento estava em pleno curso e já autorizada a primeira aplicação do medicamento, quando foi interrompido pela conduta da demandada, que se negou a custear as outras três aplicações, sob a alegação de não servir aquele fármaco para a doença que afligia a segurada. E desde logo se afirme que foi exatamente o medicamento que melhor resposta deu, combatendo eficazmente os efeitos do mal que atingira a requerente.

Necessitou a autora submeter-se à angústia de recorrer à via judicial para ver assegurado o seu direito de prosseguir com o atendimento recomendado ao seu caso, em que pese a prescrição, repita--se, partir de médico cooperado da requerida e os altos riscos à saúde e à vida da segurada que significava a interrupção do atendimento àquela altura.

Medo – fronteira entre o sobreviver e o viver

DANOS MORAIS *IN RE IPSA*

E na hipótese, configurada a lesão moral.

Entendo, base na lição de Sérgio Cavalieri Filho,[7] que o dano moral pode existir *in re ipsa*; a princípio, derivando inexoravelmente do próprio fato ofensivo, de tal modo que, provada a ofensa, *ipso facto* está demonstrado o dano moral à guisa de uma presunção natural, uma presunção *hominis ou facti*, que decorre das regras de experiência comum, face da qual se permite concluir o que Chiovenda[8] caracterizou como "juízos gerais, e não próprios de cada relação jurídica, fundados na observação do que comumente acontece, e como tais se podem elaborar em abstrato por qualquer pessoa de mentalidade sadia e de cultura média". Cuida-se ali daquela espécie de prova que os processualistas denominam prova *prima facie*. A prova *prima facie* decorre da experiência da vida, daquilo que normalmente acontece e por isso se presume.[9] Ou seja, em alguns casos, o dano moral efetivamente se presume, pois bem destaca Wilson Melo da Silva,[10] "em determinadas hipóteses, haveria sempre uma presunção de dano moral, posto que não divorciada da realidade e da lógica, com bases psicológicas e explicação racional, o que inverteria o ônus da prova. É uma reação humana, que acontece com todos. É o *id quod plerum* que: aquilo que geralmente acontece".

De regra, não considero o mero descumprimento contratual como fator conducente à danos morais compensáveis por pecúnia.

Em alguns contratos, contudo, pela sua própria natureza, como é o caso dos planos de saúde, o inadimplemento poderá repercutir de forma extremamente gravosa, notadamente quando a prestação consistir na cobertura de bens maiores e de atendimento impostergável, quando não o da própria vida, como foi o caso.

Aqui, a conduta claramente abusiva da prestadora, que impele o consumidor à grave angústia de se ver desamparado frente à insidiosa doença, sem condições econômicas de prover o financiamento dos custos para debelar os seus efeitos e aguardar a incerta solução judicial nas duas instâncias de jurisdição, ultrapassa a linha do mero aborrecimento e transtorno, para ingressar no terreno da desesperado-

---

[7] *In Programa de Responsabilidade Civil*, 3ª ed., Malheiros, 2002, p. 91/92.

[8] *Instituições de Direito Processual Civil*, trad. da 2ª ed. Italiana, por j. Guimarães Menegale, 2ª ed., Saraiva, 1965, vol. III, p. 304).

[9] (RT 571/214 e 667/191).

[10] *O dano moral e sua reparação*, 2º ed., p. 266 e 523.

ra angústia advinda do abandono dos compromissos assumidos pela demandada.

Inevitável a perda de autoestima, tudo na perspectiva de um quadro de desamparo, aflitivo, já com extremo sofrimento psicológico e saúde combalida.

Assim, a conduta da requerida traduz imerecidos transtornos, fugindo à normalidade para interferir de forma mais contundente no comportamento psicológico da autora, causando-lhe aflições, angústia e desequilíbrio em seu bem-estar, assim violando direito da personalidade, o que justifica o dever de indenizar.

Cuida-se de momento em que se manifesta a maior exposição, a fragilidade e a dependência do ser-humano. E justamente aí depara-se nas lindes do abandono e de desprezo pela sua dignidade.

É evidente que o amparo que o contrato prometia, se fosse cumprido, elevaria em muito o sentimento de que tudo estaria sendo proporcionado para uma qualidade de vida sob menores reflexos da grave doença.

Mais contundente é ter a cobertura dos procedimentos do plano e a requerida, repentinamente, interromper o atendimento, abandonando a autora à própria sorte.

É evidente que se tem aí sério descumprimento prestação do serviço.

Portanto, trata-se de violação de direito do consumidor, a produzir danos que dispensam prova a respeito. São lesões massivas, que o ordenamento jurídico somente poderá prevenir e controlar por meio de indenizações – aqui sim –, punitivas, tanto que somente a existência do diploma consumerista não constitui óbice para evitar tais práticas, que não constituem novidade, a considerar as incontáveis demandas do gênero.

E para o arbitramento, leva-se em consideração a intensidade do transtorno, do abalo emocional, das angústias pelas quais passou a vítima no episódio, sopesando, ainda, a situação econômica do ofensor e a abusividade de sua conduta, em total confronto com o previsto no já vintenário Código Consumerista – concretização de direito constitucional concebido para harmonizar as relações de consumo e aperfeiçoar as práticas do mercado de fornecimento de produtos e serviços –, cabendo assim, prevalecer o aspecto dissuasório, com o fim pedagógico de evitar a reiteração de fatos da mesma natureza.

Assim, a conduta da requerida traduz violação a direito da personalidade, o que justifica o dever de indenizar.

Medo – fronteira entre o sobreviver e o viver

A rigor, convém não deixar de considerar que aqui se sanciona mais a requerida pela sua conduta abusiva do que os próprios efeitos que o não atendimento tenha gerado à autora, propriamente.

Por outra, como em tudo no direito, há que se guardar uma regra de proporcionalidade. Busca-se como referência o *homo medius*, a razoabilidade, pois o *logos do humano ou do razoável*, é sempre regido por razões de *congruência* ou *adequação*, para usar das expressões clássicas de *Alípio Silveira*.[11]

Assim, as condições do ofensor, por certo, não são reduzidas, mas também não pode o sancionamento gerar o enriquecimento ilícito, devendo determinar, com razoabilidade e proporcionalidade, uma compensação que, ao final, não represente benefício para o ofendido, tornando-se uma "vantagem" sofrer dano moral.

Por isso, considerando a finalidade da reparação, que é na medida do possível de compensação ao prejudicado, e considerando o efeito pedagógico para o ofensor, entendo como razóvel uma compensação equivalente a xxxxxx, em valores vigentes nesta data.

E, para arbitrar este valor, tenho por já contemplados os encargos da mora – juros – até aqui devidos, fluindo, os vincendos, de 12% ao ano, a contar desta data, orientação, ressalto, que não nega vigência à Súmula nº 54, do STJ, como recentemente decidido no RE 903258/RS (Registro nº 2006/0184808-0 – Rel. Min. Maria Isabel Galloti, 4ª Turma, julgado em 21/06/2011).

Destacou-se, no referido julgamento, que os danos morais somente assumem expressão patrimonial com o arbitramento de seu valor em dinheiro na sentença, não se mostrando razóvel que o não pagamento desde a data do ilícito possa ser considerado omissão imputável ao devedor, para efeito de tê-lo em mora, pois mesmo que pretendesse, não teria como satisfazer obrigação decorrente de dano moral não traduzida em dinheiro nem por sentença judicial, nem por arbitramento e nem por acordo (artigo 407 do CC).

Assim, a indenização por dano moral só passaria a ter expressão em dinheiro a partir da decisão judicial que a arbitrou, não havendo como incidirem, antes desta data, juros de mora sobre a quantia que ainda não fora estabelecida em juízo.

De qualquer modo, nem mesmo seria o caso de afirmar que os juros não foram considerados, pois, se fosse para atender formalmente a previsão específica de destacá-los desde a data do fato lesivo, o valor base seria então reduzido para, somado esse encargo moratório,

---

[11] *Hermenêutica Jurídica*, 2ª ed., vol. 1º, p. 172.

chegar exatamente ao que se considera, neste momento, o montante da justa composição devida e ora arbitrado.

DISPOSITIVO

Diante do exposto, JULGO PROCEDENTE o quanto veio deduzido na inicial por XXXXXX em face de XXXXXXX para o fim de condenar a requerida no pagamento, a título de danos morais, da quantia de R$ XXXXXX, atualizável monetariamente (IGPM) e com juros moratórios de 12% ao ano (artigo 406, do Código Civil, combinado com o artigo 161, § 1º, do Código Tributário Nacional), a partir desta data.

Arbitro os honorários advocatícios em prol da parte autora em quantia equivalente a 15% do valor da condenação, considerando o trabalho exigido e o tempo de duração da demanda (artigo 20, § 3º, do Código de Processo Civil).

Custas a serem suportadas pela parte vencida.

Registre-se.

Intimem-se.

Porto Alegre, 25 de outubro de 2011.

Sílvio Luís Algarve,[12]
Juiz de Direito

---

[12] Morreu na manhã deste domingo (27/05/2012), o juiz de Direito Sílvio Luís Algarve. O sepultamento ocorrerá nesta segunda-feira (28), às 11h, no Memorial da Paz, em Passo Fundo. O velório já está ocorrendo em tal local, desde as 18h deste domingo. O magistrado estava internado no Hospital Mãe de Deus e foi vitimado por câncer, aos 54 anos.

Sílvio Luís Algarve ingressou na carreira da magistratura como pretor, em 1984, em Sarandi. Em 1986 assumiu como juiz, na mesma comarca. Após, jurisdicionou em Campo Novo, Horizontina e Passo Fundo.

Foi promovido para Porto Alegre, como juiz-substituto de entrância final, em janeiro de 2006 – depois de, por muitos anos, recusar promoção. Logo foi convidado para ser juiz-corregedor. Atuou como juiz-assessor da presidência do TJRS de 2008 a 2010.

Na comarca da capital atuou no 2º Juizado da Vara Cível do Foro Regional da Tristeza, além do 2º Juizado da 6ª lgarve era um magistrado apreciado, modo geral, pela Advocacia – em função da profundidade de suas sentenças, que costumava pensar. Ele via o direito como um meio de fazer justiça e pensar melhor "naqueles que tem menor poder" – como costumava pessoalmente dizer – e nos excluídos.

É uma sentida perda para a magistratura gaúcha.

Fonte: www.espacovital.com.br consultada em 26/11/12.